Invitation to success
성공
으로의
초대
ⓒ양재우

성공으로의 초대

1판 1쇄 : 인쇄 2012년 9월 17일
1판 1쇄 : 발행 2012년 9월 17일

편저자 : 양재우
디자인 : 이원경
펴낸이 : 서동영
펴낸곳 : 서영출판사

출판등록 : 2010년 11월 26일(제25100-2010-000011호)
주소 : 인천광역시 계양구 효성동 200-1 현대 404-103
전화 : 02-338-7270 팩스 : 02-338-7161
이메일 : sdy5608@hanmail.net

ⓒ양재우 seo young printed in incheon korea
ISBN 978-89-97180-16-5 13320

일원화 공급처_(주)북새통
주소 : 서울 마포구 서교동 465-4 광림빌딩 2층
전화 : 02-338-0117(대표), 팩스 : 02-338-7160
이메일 : info@booksetong.com

2012·서영출판사

〈성공으로의 초대〉 지침서를 내면서

　　〈성공으로의 초대〉 지침서를 출간하는 본인은 먼저 윤장영 선생님과 CTS에 깊은 감사를 드립니다.

　　1997년에 성공 프로그램을 교육 받고, 교육을 토대로 지금까지 실천 이행해 오면서 행동에 옮긴 결과가 지금의 〈성공으로의 초대〉 지침서를 편찬하게 되었습니다.

　　성공의 길에 관한 교재나 성공자를 만나는 것부터 복제의 길을 그대로 실천 이행함으로써, 성공을 할 수 있다는 진실을 확인할 수 있었습니다.

　　교육의 중요성과 실천의 중요성을 생생한 삶의 모습으로 마음속에 자리 잡았으면 좋겠다는 간절한 마음으로 기록을 합니다.

큰 성공을 위해 본인은 물론 성공의 길 교육을 받을 때의 폭발적으로 용솟음치던 감동을 유지해 오면서, 실천하고 성공의 원칙을 지켜왔던 현실의 커다란 성취와 만족감을 느끼며 또 다른 성공의 목표를 설정하고 새로운 도전에 임하고 있습니다.

자신이 가장 잘 아는 자신의 내면을 끌어내어 성공이란 목표에 이르기까지 성심을 다해 노력을 하겠지만 그보다 이 글을 읽으실 때 심혈을 기울여 보아야 합니다.

수박 겉핥기식으로 보시면 자신의 내면을 표출하는데 별 도움이 안 된다는 것입니다.

진정한 성공의 길로 입문하고자 하시는 여러분의 지침서가 되고자 했으면 하는 신념으로, 독자 여러분에게 전하는 희망에 찬 지침서가 될 것을 바라며 독자 여러분의 성공을 기원합니다.

- 편저자 양재우

成功의 完成은
約束을 지키는 일事입니다.

哲學大道人 饒多先生

梁在雨 言

성공의 길

한 번 밖에 없는 나의 인생이다

내 자신이 하지 않으면
도대체 누가 대신해 줄 것인가?

그것도 지금 하지 않으면
도대체 언제 할 것인가?

여기에서 하지 않으면
도대체 어디서 할 것인가?

신념과 행복

1. 꿈이 없는 사람은 신념(信念)도 없다!
2. 신념(信念)이 없는 사람은 목적(目的)도 없다!
3. 목적(目的)이 없는 사람은 계획(計劃)도 없다!
4. 계획(計劃)이 없는 사람은 행동(行動)이 없다!
5. 행동(行動)이 없는 사람은 노력(努力)이 없다!
6. 노력(努力)이 없는 사람은 성공(成功)이 없다!
7. 성공(成功)이 없는 사람은 행복(幸福)이 없다!
8. 행복(幸福)이 없는 사람은 사람이 아니다.

자! 그러면 나는?

목차

행동철학

하나 : 어제보다 나은 오늘을!!

하나 : 어제의 실수는 어제로!!

하나 : 폭우와 태풍 뒤에는 무지개가!!

하나 : 성공도 실패도 자기하기 나름!!

하나 : 실패의 변명보다 성공의 웅변을!!

하나 : 나의 인생은 내가 만든다!!

하나 : 우리 모두는 성공할 때까지 계속 한다!!

흔들리지 않는 인생의 푯대

　이 세상에는 인생의 푯대도 없이 마구잡이로 달려가서 인생의 밭고랑처럼 구불구불하여 후회하는 자취를 남기는 사람들이 있습니다.

　또한 어떤 이들은 밭갈이 하는 소머리와 같이 유동적인 것, 움직이는 것처럼 임시적인 것을 목표로 하여 시간과 정력을 다 소모하되 얻는 것이 별로 없는 후회스러운 인생을 사는 사람들이 너무도 많이 있습니다.

　그러나 인생을 참되게 살려는 사람들은 움직이지 않는 푯대를 정하고 인생의 모험을 실천하면 후회 없는 삶을 반드시 살게 됩니다.

　*인류 역사에 이름을 남긴 많은 명사들과 현인과 성인들은 흔들리지 않는 인생의 바른 푯대를 향해서 달려간 분들입니다.

성공으로의 초대

기본장(基本章)

우선 먼저 당신이 당신의 인생을 보다 가치 있는 삶으로 만들고 성공적인 삶을 위해 성공에 눈뜨고자 결심한 점에 대해 축하드린다.

당신이 당신 자신을 보다 멋진 인생으로 향상 시키고자 생각하고, 그것을 솔선해서 행동에 옮겼다는 사실은 '성공자'가 되기 위한 중요한 소질을 이미 내면에 갖추고 있다는 증거이다.

이 책에서 설명하고자 하는 것들은 탁상공론이 아니다. **역사 속에 이름을 남긴 성공한 사람들이 실제로 응용하고 증명한 원칙**들이다.

이런 인간적, 경제적 성공 달성의 원칙은 이미 수많은 사람들에게 도움이 되고 있다. 물론 이러한 원칙들은 당신에게도 해당되는 것이다. 하지만 이러한 원칙들을 실행에 옮기기 전에, 당신은 먼저 각각의 조건들을 명확하게 이해해 두지 않으면 안 된다.

이 책은 당신이 '성공하고자 마음먹은 것이 무엇이던간'에 그것을 달성하기 위해 '무엇을 하지 않으면 안 되는가'를 일일이 계통을 따져가며 체계적으로 이해해 나갈 수 있도록 만들어져 있다.

이 책에서 말하는 원리를 완전히 이해하고 응용한다면, 당신은 성공이란 것이 '운이 나빠 선택받지 못했다'던가, 아주 '운이 좋은 극소수의 사람들만이 달성하는 것'이 아님을 깨닫게 될 것이다.

성공이란, 배워서 응용이 가능해지고 실행 가능한 계획을 세우는 수순을 밟으면 쉽게 달성할 수 있는 것이다.

머지않아 당신은 흔히들 세상에서 '행운아'라고 불리는 사람들과 같은 울타리 속에 들어갈 수 있게 될 것이다. 다만 당신이 성공에 대한 진지한 마음가짐이 있어야만 가능하게 된다. 물론 당신은 의문을 가질지도 모른다.

"어떻게 하면 진정한 성공을 손에 넣을 수 있을까? 정말로 인생이 180도 바뀔 수 있는 것일까?"

이런 의문에 대한 해답이 이 책에서 밝혀진다.

자! 이 책에서 자신의 생각을 바꾸고 인생관을 바꿔서 인간적으로도 경제적으로도 향상 되도록 하자.

당신은 지금 생활이 고난을 받고 있는 것도 아니고 그

렇다고 이렇다 할 불만이 있는 것도 아닌 그저 그렇게 평범한 하루하루를 보내고 있지는 않는가? 하지만 항상 똑같은 일을 반복하는 것에 지나지 않는 인생에 왠지 만족 못하고 있지는 않는가?

많은 성공한 이들이 그랬던 것처럼 <u>당신도 현재의 생활이 최상이라고는 생각지 않을 것이다.</u>

그렇기 때문에 당신은 원하는 물건을 손에 넣고 지금보다 더 인간적이나 경제적으로 향상하기 위해 '무엇인가를 하지 않으면 안 되겠다'라고 진지하게 생각하고 결심하여, 외부의 비판이나 마음속의 고난을 극복하고 성공을 향한 스타트 라인에 선 것이다.

즉, 당신에게 있어서 가장 중요한 것은 **'어떠한 희생을 치르더라도 성공을 얻겠다'**라는 강한 결심이 섰고, 그것을 '행동에 옮기겠다'라는 진지함이다. 그것은 대단히 훌륭한 일이다.

자! 그럼 이 원칙을 배우기 위한 기초, 즉 성공하기 위한 기본에 관해서 말하도록 하겠다.

우선 성공하기 위해서는 성공에 이를 수 있는 방법을 알지 않으면 안 된다. 그렇다면 성공에 이른다는 것은 과연 어떤 것일까?

강을 생각해 보자. 강은 깊은 산 속에 있는 옹달샘에 근원을 두어 시작은 아주 미약하다. 하지만 때로는 꼬불꼬불, 때로는 빠르게, 때로는 천천히, 좁았다가 넓게 흐르며 점차 커져서는 마침내 바다에 이르게 된다.

우리의 인생도 이와 비슷하다. 강물이 흐르는 것처럼 다양한 모습을 보인다. **그러나 어떠한 경우라도 흐르는 것을 멈추지 않는 강물처럼**, 얕고 깊음이 있는 인생을 통해서 매일 노력해 갈 때 바다에 이른 강물처럼 성공에 이를 수 있는 것이다. 즉, 성공하기 위해서는 노력하는 것을 게을리 하지 않고 계속해야 하는 것이다.

인간이 살아가는 방식에는 3가지 유형이 있다.

첫째, 현 상태를 유지하기 위해 노력하며 평범한 생활을 유지해 나가는 인생.

둘째, 노력은 거의 필요로 하지 않는 나태한 생활을 영위할 뿐으로 아무런 희망도 미래의 비전도 가질 수 없는 인생.

셋째, 만약, 이것도 저것도 아니라면 보통 사람은 상상도 할 수 없을 정도로 큰 가치가 있는 것을 움켜쥘 수 있는 커다란 성공의 인생!

누구라도 자유롭게 3가지 중 하나를 고를 수 있다. 당신은 어떤 인생을 고를 것인가? 그렇다. 그것은 말할 것도 없이 당신에게는 '성공의 인생'뿐인 것이다.

그럼, 과연 어떻게 하면 성공의 인생에 다다를 수 있는 것일까? 성공에 이르기까지는 과연 어떤 단계를 밟아 오르지 않으면 안 되는 것일까? 실제로 어떤 성공자라도 반드시 거쳐야만 하는 성공의 단계가 있다. 그래서 당신도 성공하고 싶다면 역시 그 성공의 단계를 밟아 오르지 않으면 안 된다.

언제부터 오르기 시작할 것인가는 문제가 아니다. 학력, 경력, 성별, 연령, 그 어느 것도 문제가 되지 않는다. 모든 사람들에게 있어 성공의 단계란 똑같은 것이다.

성공의 4 단계

첫 번째 단계는 굳은 결심이다.

진정한 결심이란 것은 아무나 할 수 있는 것이 아니다. 예를 들어 희망적 관측이란 것과 의욕이란 것은 전혀 다른 것처럼, 그리 간단한 것이 아닌 것이다.

희망적 관측이란, '만약에 그렇게 된다면'이라는 식으로 타인에게 의지하는 남의 꿈에 지나지 않는다. 의욕을 가진다고 하는 것은 자신의 꿈을 실현시키기 위한 결심을 하는 것이다. 결심을 하고 나면 그 결심을 좀 더 확고히 하기 위한 것을 생각하지 않으면 안 된다.

두 번째 단계는 당신의 욕망을 실현시키기 위한 계획을 세우는 일이다.

물질적 욕망뿐 아니라 정신적 욕망, 나아가 그 이상의 만족감을 얻기 위한 욕망을 이루기 위한 계획이다. 욕망을 실현시키기 위한 계획을 세우는 데는 2가지 포인트가 있다.

우선 **첫째로 즐겁게 실현할 수 있는 계획**이어야 할 것. 그리고 **둘째로 자신의 빈 시간에 자기 페이스대로 할 수 있는 것**이어야 할 것. 이 두 가지 포인트를 기본으로 꾸준히 노력을 거듭해 자신의 계획을 찾아내는 것이 중요하다.

세 번째 단계는 일하는 것이다.

일하지 않고 성공한 사람은 지구상에 한명도 없다. 그렇다고 해서 단지 일만 하면 성공할 수 있는 것은 아니다. 일하는 방법에 의해 성공, 실패가 나눠진다. 즉, **당신이 하고자 하는 목표에 전력투구하지 않으면 안 된다.**

어정쩡하게 한 일의 결과는 역시 어정쩡하게 끝나고 만다. 이러한 단순한 사실을 예사롭게 생각하고 지나쳐 버렸기 때문에 성공하지 못한 이가 참으로 많다.

네 번째 단계는 특히 중요하다. 그것은 사람을 끄는 인간적 매력을 몸에 익히는 것이다. 이러한 인격을 가진 사람들은 인생을 마음속으로부터 즐기고 행복해 하며 평범한 사람들이 할 수 없는 일을 달성하고 있다. 즉, 이들이 성공자인 것이다.

과연 그렇다면 어떻게 하면 인간적 매력을 자기의 것으로 하는 것이 가능할 것인가? 답은 간단하다. 인간적 매력을 몸에 익히기 위해서는 4가지 포인트가 있다.

우선 첫째로 다이나믹하게 행동하는 것이다. 힘찬 행동이 매력을 솟아나게 한다. 힘없이 움직여서는 아무런 매력도 느낄 수 없다. 당당하고 적극적인 태도로 크게 행동하는 것이다.

둘째로 <u>신상필벌을 할 줄 아는 인간이 되어야 한다.</u> 자신이 하고자 하는 일을 해냈을 때는 자기 자신을 칭찬해 준다. "잘 했어. 난 훌륭해."라고 말하며 아낌없이 격려해 준다. 또 자신이 하고자 했던 일을 해내지 못했을 때에는 자기 자신을 아주 혹독하게 꾸짖는다. "그래서는 안 돼."라며 자신에게 화를 내고 엄한 태도를 취하지 않으면 안 된다. 그런 다음 실패를 솔직하게 시인하고 "이번에야말로 반드시 성공하겠어."라고 다짐한다.

성공하지 못한 원인은 자신이 하고자 정했던 일을 하지 않은데 있다. 지금까지 성공을 해왔던 이들도 처음에는 스스로 결심하지 못하고 의지가 약하며 시키는 일밖에는 할 수가 없는 인간이었다. 누구라도 처음부터 순조로울 수는 없는 것이다. 하지만 성공자의 공통된 특징은 일이 순조롭게 되지 않는다 하여 팽개쳐 두지는 않았다. 자신이 세운 목표를 달성할 수 있도록 굳은 결의를 하고 최선을 다했다.

목표가 달성되지 않았을 때에는 "이제 두 번 다시 같은 실패는 않겠다. 이번에야말로 성공해 보이겠다."라며 자기 자신에게 굳게 다짐한다.

이것은 쉬운 일이 아니며 또 간단한 일도 아니지만 지금 자기가 겪고 있는 현실로부터 눈을 돌리지 않고 자기 자신에 대해 엄하게 함으로써 성공을 목표로 한 인간으로서의 성장을 해 나갈 수 있다.

　<u>세 번째로는 책임감을 가질 것.</u> 인간적인 것으로도 경제적으로도 성공에 가까워지면 거기에 따라 얻게 되는 돈이 있다. 그 돈에는 책임이 따른다. 즉 자신의 가족이나 주위 사람들에 대해 자신의 책임에 따라 바르게 사용하지 않으면 안 된다. 돈은 인간을 바꾸지는 않는다. 다만 돈은 가지고 있는 사람의 성격을 강하게 나타낼 뿐이다. 욕심 많은 사람은 더욱 욕심 많은 사람이 되고, 돈에 관대한 사람은 더욱 관대해 지게 되는 것뿐이다. 당신도 성공하면 할수록 돈을 지배하는 사람이 될지, 돈의 지배를 당하는 사람이 될지 책임감 있게 생각해 보아야 한다.

　<u>네 번째로는 좋은 협력자를 선택할 것.</u> 좋은 협력자는 자신의 인생을 크게 좌우한다. **인간이란 자기만을 위해 일하는 것이 아니라 자기가 가장 사랑하는 사람에게 받아들여지기 위해 열심히 일하는 것이다.**

　간략하게 살펴본 것처럼 성공의 단계가 그렇게 어렵거나 힘든 것은 아니다. 누구에게 있어서나 마찬가지인 이 단계를 당신도 지금부터 하나씩 몸에 익혀 목표를 달성할 수 있다.

　물론 이 단계를 달성한다면 다음 단계로 전진하기 위한 굳은 결심을 하지 않으면 안 된다. 이것이 성공하기 위한 기본이 되는 것이다.

자, 그럼 그것을 구체적으로 어떻게 몸에 익힐 것인가? 그것을 익히기 위해 **매일매일 무엇을 하면 좋을 것인가?**

이 의문에 대한 답이 지금부터 배울 코스의 각 장(章)에서 밝혀지게 될 것이다

우선 제1장에서는 전체의 학습법이 쓰여 있다. 다음의 제2장부터 7장까지는 태도, 습관, 행동면에서부터 당신을 성공으로 인도할 비결이 수록되어 있다. 마지막의 제8장에서는 당신에게 성공의 진정한 비법을 밝혀줄 것이다.

내용은 연속되어 있으므로 하나하나 순서대로 배워 나가지 않으면 안 된다. 그런데 이 코스를 배워 나갈 때 지키지 않으면 안 될 3가지 약속이 있다.

3가지 약속

첫째, 당신은 **제1장에 쓰여 있는 방식으로 반드시 따라갈 것을 맹세하라.** 그렇게 맹세하고 해나가지 않으면 얼마간의 노력도 헛일이 되어버리고 말며, 당신은 조금도 나아지지 않게 될 것이다.

둘째로 당신은 이 코스에 의해 크게 변해 인간적으로도 정신적으로도 풍요롭게 되면, 당신과 같이 성공으로의 모험에 도전 하고자 하는 사람이 나타날 것이다. 그 사람이 정말 진지한 마음가짐으로 성공을 원하고 있다면 그 **사람에게도 각 장의 원칙을 전해 주어라.** 즉, 사람을 돕는다는 봉사의 마음과 사

명감을 갖지 않으면 안 된다. 자기 혼자만 좋으면 된다는 생각은 모든 것을 헛되이 해버린다.

세 번째 약속은 **건성건성한 마음으로 도전하고 싶다고 하는 사람에게는 결코 단 한 장일지라도 이 원칙과 정보를 전해서는 안 된다.** 설령 전했다 하드라도 그것은 아무런 의미가 없을뿐더러 아무 소용이 없게 되어 버린다.

자! 이 3가지 약속! **지시**(제1장에 쓰여 있는 방식으로 반드시 따라갈 것), **사명**(다른 사람에게도 각 장의 원칙을 전해 주기) **마음가짐**(허술한 마음으로 도전하는 사람에게는 이 원칙과 정보를 전해서는 안 된다)을 지키고 우선 1장을 완전하게 자기의 것으로 만들 때까지 몇 번이고 몇 번이고 반복해서 익히고, 그 다음에 2장으로 넘어 간다. 그리고선 2장도 철저하게 익히는 것이다.

물론 익힌 것은 일상생활 중에 실행하고, 매일 의욕적으로 활용할 수 있도록 마음먹는 것이 중요하다.

이 코스는 성공으로의 기본원칙이다.

시대, 민족, 문명을 초월한 것이고 현재까지도 많은 사람의 노력에 의해 쓰여 오고 있다. 아주 옛날부터 전해져 온 원칙이지만 지금도 완벽하게 살아 있는 것이다.

지금, **당신의 눈앞에, 당신을 성공으로 인도할 비결이**

있다. 당신도 많은 성공자들과 마찬가지로 여러 가지 고난을 극복하며 성공을 향한 모험에 도전을 시작한 것이다.

이제 제 1장 학습법으로 들어가도록 하자. 지금이야말로 당신이 원하는 멋진 인생을 실현시킬 절호의 찬스가 당신의 눈앞에 펼쳐지기 시작할 것이다.

〈복습〉

성공의 4단계는 무엇인가?

3가지 약속을 알고 있는가?

제1장 : 학습법(學習法)

　세상에는 성공하는 사람이 있는가 하면 그렇지 못한 사람이 있다. 그것은 왜 그럴까? 또 그러한 질문을 스스로에게 하는 것조차 잊고 있는 사람이 너무나도 많은 것은 왜 그럴까?

　이제부터 배울 이 코스에 의해 그 원리를 알 수 있게 될 것이다. 우선 가장 먼저 당신은 이 시점에서 스스로에게 물어보지 않으면 안 된다.

　당신은 새로운 인생을 열고자 정말로 결심한 것인가?

　지금까지와 같은 인생을 반복하지 않으리라 마음속으로 맹세하였는가?

　자기 자신의 인생을 바꿀 필요가 있는지 없는지는 스스로 돌이켜 보면 알 일이다.

　당신의 인생은 이상적인 인생이었는가?

스스로에게 뽐낼 수 있는 인생이었는가?

만약 그렇지 않다면 지금 여기서 결심하지 않고는 지금부터도 여태까지와 마찬가지인 인생을 보내게 될 것이다.

그러나 천만 다행스럽게도 결심한다면 당신이 원하는 멋진 인생을 당신도 만들 수 있다. 그러기 위해선 우선 자기 자신을 바꾸지 않으면 안 된다.

자신을 바꾸지 않고는 아무것도 바뀌지 않는다. 왜냐하면 생활을 향상시키고자 생각한다면 우선 자기 자신을 향상시키지 않으면 안 되기 때문이다. 이 내용을 익힘으로써 여러 가지 분야에서 성공한 사람들이 가지고 있는 지혜의 비법을 몸에 익힐 수 있다. 그렇게 함으로써 당신은 당신의 인생을 바꿀 수 있는 결정적 기회를 잡을 수 있게 된다. 이것이 열쇠이다.

우리들의 인생에는 한계가 있다. 무엇이든지 모든 것을 자기가 다 알고 모든 것을 다 경험하는 것은 불가능하다. 따라서 성공으로의 지름길은 성공자로부터 배우는 것이 가장 빠른 지름길이다.

여기서 중요한 것은 <u>성공과 연령과는 직접 관계가 없다는 사실이다.</u> 가장 중요한 것은 그 사람이 어떤 일을 성취해 왔는가 하는 것이다. 예를 들어 골프가 능숙하게 하고 싶다면 일류 프로골퍼에게 배우는 것이다. 또 당신이 중국어를 능숙하게 하고 싶다면 중국어 선생에게 배움으로써 가능하다.

이처럼 당신이 성공하고 싶은 분야에서 성공한 사람, 즉 보람 있는 일을 성취해낸 사람으로부터 배우는 것이 지름길인 것이다.

자, 그럼 당신은 어떻게 하면 성공할 수 있는 것일까?

실패의 인생을 이 이상 계속 하지 않기 위해서는 과연 어떻게 하면 좋을까?

대답은 간단하다. 이 코스를 몸에 익힌다면 당신도 반드시 성공할 수 있다. 이 코스야말로 성공으로의 비결을 당신에게 가르쳐 줄 것이다.

이 장에는 당신을 성공으로 인도할 원칙적인 것밖에 쓰여 있지 않다. 하지만 이 원칙이야말로 훌륭한 인생을 쌓아 가기 위한 불변의 진리다.

여기서 당신은 대단히 중요한 3가지에 관해 배우지 않으면 안 된다.

첫째, 실패에 대해 이해한다.

둘째, 바른 생활 패턴을 학습한다.

셋째, 능력을 개발한다.

우선 첫째인 실패에 대해 알아보자. <u>실패란 당초의 목표에 도달하지 못하는 것</u>, 이것이 바로 실패다.

성공이란 설명하기 어렵고 이해하기 힘든 것이지만, 실패는 이해하기 쉽다. 따라서 **어떻게 하면 실패하지 않을까 하는 것을 배우는 일이 성공을 이해하는 열쇠이다.**

당신이 인생을 바꾸고자 결정했다면 실패는 당신에게는 관계없는 것이 된다.

둘째, **성공에 접근해 가는 생활 패턴을 쌓는 것이 중요하다.**

일상생활 패턴의 차이가 성공자와 실패자의 차이다. 생활 패턴이 올바르면 반드시 성공하고, 그렇지 않으면 반드시 실패 인생으로 끝나게 된다. 따라서 당신의 장래를 바꾸기 위해서는 올바른 생활 패턴을 세우고 지켜 나가는 것이다. 일시적인 감정이나 일시적인 욕망에 사로잡히지 않고 뛰어난 아이디어로 바른 생활 패턴을 만들지 않으면 안 된다.

그러면 바른 생활패턴을 형성하기 위해서는 어떻게 하면 좋을까? 중요한 것은 뛰어난 사고, 뛰어난 행동을 하도록 항상 노력하고 몸에 익혀 나가는 것이다. 그것을 달성하기 위해서는 '**전력을 다해 반드시 해낸다**'라고 하는 굳은 결심을 하는 것.

자신의 생활을 정말로 바꾸고자 마음을 굳게 먹고 한곳으로 모으는 것, 이것이 무엇보다 중요한 포인트다.

셋째, **자신의 능력을 개발하는 것이다.** 능력을 개발하기 위해서는 기본적인 세 가지 요소가 필요하다.

우선 '<u>첫째, 주의력을 발휘하는 일</u>'이다.

자기 주위의 모든 일에 주의를 기울이고 거기서부터 여러 가지 일을 깨닫고자 마음먹는 일이다.

간단한 말 중에도 깊은 뜻과 진리가 있다. 주의 깊게 들으면 그것을 쉽게 이해 할 수 있을 것이다. 즉 '정신일도면 하사불성 이리요.'다. '정신을 한곳으로 집중하면 안 이루어지는 것이 없으리오.'다.

둘째, '마음을 집중'하는 힘을 발휘해서 자기가 깨달은 일을 일상생활에 적용해 나가는 것이다.

이런 태도가 기본이 되고 그 기본에 따르며 결단을 내리고 생활 패턴을 올바르게 고쳐 나가는 것이다.

셋째, '몸에 익힌 각오와 행동을 몇 번이고 반복해서 행하는 일이다.' 이것은 이 코스의 모든 장에 해당하는 말이다.

반복하여 계속해 나감으로써 그 패턴은 당신이 자연스럽게 받아들여질 수 있게 되며 당신의 일상생활의 일부가 되며 올바른 결정, 올바른 행동이 의식하지 않아도 할 수 있도록 되어 진다.

이 가르침 모두를 당신의 잠재의식 속에 새겨 넣지 않으면 안 된다. 그러면 어떻게 하면 그것이 가능하게 될까? 그건 아주 간단한 일이다.

이제부터 배울 룰에 따라 하루도 쉬지말고 매일 매일 반복하는 것이다.

이 얼마나 멋진 일인가? 간단하지 않은가. 배운 것을 다시 한 번 읽고 생각하는 것만으로 당신의 잠재의식에 새겨진다. 전혀 어려운 일이 아니다.

이렇게 되면 어떠한 경우에 처해도 올바른 행동과 판단이 가능하게 된다. 물론 불안 따위도 사라진다. 이렇게 해서 새로운 생활 패턴이 몸에 배고 행동도 자연스럽게 된다.

행동하면 할수록 올바른 생활 패턴에 따르는 것이 자연스럽다. 그리고 새로운 생활 패턴은 인간의 자연적 욕망인 "즐거움"으로 확실하게 자리 잡는다.

이제 당신은 결심했다. 새로운 생활로 바꾸고 변화에 즐거움이 넘친다. 멋진 하루하루를 보내는 사실에 조금도 후회하지 않을 것이다.

하루하루 중요하게 룰을 지키자. 그 하루가 되돌릴 수 없는 하루란 사실을 잊지 말고 세심한 주의를 기울였으면 한다.

당신이 이 책을 다시 읽는데 쓰이는 그 얼마간의 시간이 새로운 생활 패턴을 창조하고 성공으로 인도해 준다.

책의 내용이 간단하다고 하여 가볍게 생각해서는 안 된다. 내용을 주의 깊게 마음속으로 전부 흡수할 수 있도록 노력해야 한다.

여기 각장에는 성공한 사람들의 가르침만이 쓰여 있다.

이 비결을 몸에 익히고자 마음먹는 일이 매우 중요하다.

자, 자신을 바꾸고 사는 방식을 바꾸자. 그러기 위해서 자기개선을 하자!

매일 실행 하자! 이제 당신은 성공의 문을 열고 한발 한발 전진하기 시작한 것이다. 유혹에 마음을 빼앗기지 말고 의식적으로 자신을 향상시키자.

당신은 훌륭한 인물이 되고자 마음먹는 것이다.

많은 사람들이 하지 못하는 성공을 실현시킨 당신은 장래 존경을 한 몸에 받게 된다. 그렇게 되기 위한 비결이 지금 당신의 눈앞에 펼쳐지려고 한다.

〈복습〉

첫째, 실패에 대해 이해한다.

둘째, 바른 생활 패턴을 학습한다.

셋째, 능력을 개발한다.

제2장 : 성공(成功)으로의 스텝

　자신의 인생을 바꾸기 위해서는 자신의 장래를 명확하게 정하지 않으면 안 된다. 그리고 그때에 알고 있지 않으면 안 되는 원리, 원칙이 있다.

　제 2장에서는 우선 원리, 원칙에 대해 알고, 자신의 장래를 어떻게 정하는가에 대해 배운다.

　자신이 추구하는 장래를 정하고, 자신의 행동을 바꾸고 정열을 갖고 그 방향으로 전진해 나가면 인생을 완전히 바꿀 수 있다.

　왜냐하면 인간은 **잠재능력**이라는 훌륭한 능력을 갖고 있기 때문이다. 하지만 많은 사람들이 이 능력을 깨닫지 못하고 있고, 그 결과를 조금도 활용하고자 하지 않는다.

　이래서는 아무것도 달성할 수 없고 또 인생의 참된 기쁨도

맛볼 수 없다. 따라서 장래를 명확히 정하고 자기 자신의 성공, 자부심, 행복을 자신의 것으로 하지 않으면 안 된다.

'정말로 나 자신의 인생을 바꾸는 것이 가능할까? 성공할 수 있을까? 풍요롭게 될 수 있을까?'라고 당신은 생각할지 모른다.

좀 더 멋진 인생이란 과연 어떤 인생일까?

많은 사람들은 자신의 생각과 경험에만 치우쳐 인생을 보내고 있다. 하지만 필자의 생각으로는 **과거의 경험이나 자신만의 생각을 아무리 연장시켜 봐도, 거기서 새로운 인생을 찾아내는 것은 거의 불가능하다고 밖에 할 수 없다.**

예를 들어 상식이라는 것에 대해 제대로 이해하지 못하는 사람이 많다. 사람마다 다른 환경 속에서의 경험에서 얻은 상식을 갖고 있다는 것을 생각지 않고, 자신의 생각만으로 타인이나 그 밖의 일을 판단하는 것이다.

인간이 가진 훌륭한 능력 중에는 남의 말에 귀를 기울일 수 있는 능력이 있다. 사람들이 저마다 의견에 차이가 있는 것은 보는 시각의 차이가 있기 때문이다. 그런 다른 사람의 다른 생각에 대해 어디까지 이해하는가 하는 것은, **'다른 사람의 말에 얼마나 귀를 기울이느냐'**에 있다.

자신의 시야를 넓히기 위해 경험이 풍부한 이의 말이나 의견에 항상 주의 깊게 귀 기울이지 않으면 안 된다. 그 사람의 뛰어난 생각을 자신의 생각에 많이 집어넣는 것이 중요하다.

"자신의 인생을 바꾸기 위해서는 우선 자기 자신을 바꾸지

않으면 안 된다."

이 생각을 실제로 행동에 옮기면 이후 찾아오는 찬스를 놓치지 않고 잡을 수 있게 되고, 그 결과 당신의 인생을 반드시 바꿀 수 있게 된다.

즉, 당신의 인생을 바꿀 수 있는 이는 바로 당신 자신이다.

그렇다. 자신을 위한, 가족을 위한 찬스를 살릴 수 있는 능력을 가지고 있는 이는 당신뿐이다.

당신이 정말로 진지하게 성공하고 싶고, 정말로 인생을 바꾸고 싶고, 성공자의 생각을 배우고 싶다면, 의욕 있게 그 생각을 실행하라. 그러면 반드시 당신도 인생을 멋진 방향으로 바꿀 수 있다.

단지 막연하게 '성공하고 싶은데!'라고 생각만 할 뿐 성공을 하기 위해서는 무엇을 해야 하는지를 모르는 사람이 너무나도 많다. 이런 사람들은 자신을 바꾸려고 노력하지 않기 때문에 어떻게 하면 성공하는지 모르는 것이다.

사실 오늘날 많은 사람들이 덧없는 기대에 인생을 건다. 복권, 도박, 유산상속 등등, 하지만 언제까지 기다려도 좋아질 리 만무하다.

"과연 찬스는 언제 올까? 언제가 되면 나의 생활이 좋아질까."

그 물음에 대한 답은 간단하다.

그것은 **"당신 자신이 바뀌어졌을 때"**인 것이다.

다시 한 번 반복하지만 이것을 잘 기억해 두지 않으면 안 된다. 당신의 인생을 호전시킬 단 한 가지 방법은 당신 자신을 바꾸는 일뿐이다.

모든 일이 저절로 호전되길 기다리는 사람들이 있다.

"비가 그쳤으면.", "좀 더 따뜻했으면.", "좀 더 경기가 좋아졌으면.", "좀 더 좋은 직장을 가졌으면."하고 말이다.

그리고 자신이 성공하지 못하는 이유를 어떻게 하든 자신 이외의 탓으로 하는 사람이 있다. 정치 탓, 세금 탓, 학력 탓을 하기도 하며, 자신을 둘러싸고 있는 모든 환경을 탓하는 사람도 있다.

어찌되었건 자신의 수입이 적다든지 성공하지 못하는 이유를 다른 사람 탓이라 믿는 사람들도 있는 것이다.

이런 사람들은 아무리 정직하고 열심히 일해도 성공하지 못한다. 하물며 그 사람의 인생이 좋아질 리는 더더욱 없다. 따라서 언제나 돈이 고민의 씨가 된다.

월급날이 다가올 때쯤이면 언제나 돈이 없다. 그런 때는 결혼식과 같은 즐거운 행사에 초대를 받아도 오직 지출될 돈에만 신경이 쓰인다.

추석이나 다른 명절날, 고향에 돌아갈 때 일반좌석이 만석이면 특별요금을 내지 못해 입석으로 3시간, 4시간이나 서서 가지 않으면 안 된다. 돈에 집착을 하는 것은 결코 좋은 일은 아니지만 대부분의 사람들에게 있어서 돈이란 그런 것이다.

자식이 고등학교를 졸업할 때, 자식을 대학에 보낼 정도의 저축도 없다. 근속 10년의 중견사원임에도 아직 승진의 기미

조차 보이지 않는다. 게다가 가족이 아파서 생각지도 않은 거금의 치료비가 가중되어 숨통을 조인다. 또는 빚의 상환이 늦어져 신용을 잃게 되는 경우도 있다. 100만원 기부할 것도 단돈 만원에 그칠 수밖에 없는 경우도 있다. 그때가 되어서야 생활의 한계를 느끼고 **"이젠 안 돼!"**라고 소리칠 것인가?

이런 경우의 사람이라면 **"이제 이런 인생에는 질렸어."**라고 자기 자신에게 말하고 싶을 것이다.

그런데 그럴 때, "이제 이런 인생은 싫다"라고 느꼈을 때야말로 중요하다. 그런 시점에서 그 사람의 인생은 크게 바뀌기 시작할 수 있기 때문이다.

자신이 평범한 인간이란 사실을 깨달았을 때, 혹은 자신의 눈에도 가족의 눈에도 자신이 성공자로써 비추어지지 않았을 때 **"이 이상은 싫다."**라고 생각하리라!

산더미 같은 청구서가 눈앞에 있을 때만이 아니다. 어떤 상태이건 간에 "이제 더 이상은 싫다."라고 느꼈을 때야말로 그 사람의 인생이 바뀌기 시작하는 계기가 될 수 있다.

첫 번째 스텝 - 계기

사실 자신의 장래를 크게 바꿀 수 있는 가장 좋은 방법은 **자신을 바꾸는 계기를 만드는 것이다. 이것이 삶의 질을 향상시키는 첫 번째 스텝이다.**

과거에 집착하지 말고 자신에게 솔직히 물어 보는 것이다.

"과연 이 상태를 어떻게 하면 좋을까?"

수입이 적다던가, 빚의 상환이 늦다던가, 몇 번이나 실패한 적이 있다던가 하는 것은 중요한 것이 아니다. 이런 것은 조금도 신경 쓸 필요가 없다.

중요한 것은 '당신이 지금부터 어떻게 할 것인가?' 하는 것이다. '다른 사람들은 어떻게 생각할까?' 하는 따위를 생각하는 것은 당신에게 있어서는 전혀 필요 없는 일이다.

사실 이런 일들은 다른 많은 사람들에게도 일어난다. 그런데 한사람은 성공하고, 다른 한사람은 전혀 바뀌지 않는다. 과연 어째서일까. 바로 그것은 일어난 일에 대해 어떻게 대처 했는가에 따라 틀려지기 때문이다.

다시 말하지만 중요한 것은 **"당신이 지금부터 어떻게 하는가?"**이다.

변화에 두려워할 필요는 없다. 자신이 원하는 삶의 방식으로 자신의 인생을 살아가는 것이 우리 인간들의 모습이다. 어떤 방식을 취하든 창피해 할 필요는 없다.

자신이 원하는 삶의 방식에 긍지를 갖고 전진해 가면 되는 것이다. 인간은 언제나 어느 쪽으로든 움직이고 있다. 성장하고 있던지, 퇴화하고 있던지의 어느 한 쪽이다. 항상 똑같은 상태는 아니다. 오늘은 어제보다 기분이 좋은지, 나쁜지의 어느 한쪽일 뿐이다. 또는, 자신의 노력에 의해서 향상되고 있는지, 퇴보하고 있는지 그뿐인 것이다. 전진하고 있는지, 후퇴하고 있는지 중 어느 쪽인가다. 따라서 자신이 바라는 성공의 상상력대로 살아가는 방식을 정하는 것이 중요하다.

두 번째 스텝 - 결심

물론 살아가는 방식을 바꾸는 것과 같은 중대결심을 할 때에는 역시 대단히 괴롭다

그러나 결심의 괴로움이 크면 클수록 그 괴로움을 두 번 다시 맛보고 싶지 않다고 생각하고 결심한 일을 어떻게 해서든 지켜 나가려고 노력한다. 사실 **인간이란 항상 결심이란 것에 시달린다. 결심하는 것이 간단한 일이 아니기에, 역시 결심의 고통을 이겨내지 않으면 안 된다.**

결심의 고통으로 인해 위(胃)가 아파지는 경우도 있으리라. 하지만 그래도 결심하지 않으면 안 된다.

정말로 결심한 일을 지켜 나가는 일은 의외로 간단하다.

결심하는 일이 가장 어려운 일이다. 때문에 결심하는 일에 전력을 다하는 것이 성공을 용이하도록 하는 것이다. 성공하기 위해서는 우선 **"성공해 보이겠다."**라는 강한 의욕을 가질 필요가 있다. 자신이 과연 무엇을 원하고 있는지를 확실하게 알지 않고서는 안 된다.

당신의 인생에서 가장 중요한 것은 당신 자신이다.

예를 들어 당신이 지금의 생활에 진저리가 나있다고 하자.

바로 그것이 계기가 되는 것이다. 진저리가 나있기 때문에 **자신의 인생 방향을 바꾸고자 결심하게 되는 것이다. 이 결심이 성공으로의 두 번째 스텝이다.**

세 번째 스텝 - 의욕

세 번째 스텝은 불타는 듯한 의욕을 갖는 일이다.

의욕이란 것은, 당신의 내부 깊숙한 곳으로부터 생겨난다. 그렇지만 외부로부터의 자극, 즉 전에 읽었던 책, 만났던 사람, 아내나 가족, 혹은 주위들은 이야기 등에 의해 욕망에 불을 붙었다는 사람도 있다.

구체적으로 의욕이 어떤 식으로 높아지는가를 설명하는 것은 어렵지만, 만약 당신에게 끓어오르는 의욕이 없는 경우에는 의욕거리를 찾지 않으면 안 된다. 자신의 의욕을 높이기 위해 끝없이 노력하지 않으면 안 되는 것이다.

왜? 자신의 인생방향을 바꾸기 위해 그렇게까지 노력할 필요가 있는 것인가? 그 가장 큰 이유는 인간으로 태어난 이상 가지고 있는 능력을 최대한 발휘하여 당신이 원하는 대로의 인생 즉, **"살아 있는 동안에 하고 싶은 일을 하고 싶을 때 하는 것"**이다.

이것 외에 또 무엇이 있겠는가? 인생이란 한번 뿐이다. 살아 있는 동안에 좋은 일이든 나쁜 일이든 무엇인가를 계속하지 않으면 안 된다.

그런 중요한 인생을 대부분의 사람들은 타인에게 내맡기거나 혹은 우연에 내맡기고 있다. 어째서 스스로 성공에 충만한 인생을 만들려 하지 않는가?

당신의 의욕으로 그것을 만들어 내지 않으면 안 된다.

성공을 하기 위한 가장 중요한 요소는 당신 자신이다. 자기 자신에 대해 어떻게 생각하고 있는가? 그것을 생각하고 있는 마음을 태도, 또는 마음가짐이라 부르는 것이다.

네 번째 스텝 - 태도

네 번째 스텝은 **적극성 있는 분명한 태도를 만드는 일이다. 이것이 당신 인생의 방향을 바꾸는 네 번째 스텝이다.**

당신의 인생을 바꾸기 위해서는 당신 자신을 바꾸지 않으면 안 된다. 이것이 인생 성공으로의 출발점이다. 당신의 마음가짐이 당신 인생의 방향을 정하는 것이다.

당신의 사고방식이나 느낌도 당신의 마음가짐에 달려 있다. 당신은 자신이 어떤 식으로 느끼고 있는지 알고 있는가? 자신이 알고 있는 일에 대해 어떻게 느끼고 있는가? 그것은 당신의 태도가 정한다.

"갈 것이냐. 가지 않을 것이냐."

"할 것이냐. 하지 않을 것이냐."

이러한 일들을 명령하고 있는 것은 당신의 마음가짐이고 태도다. 성공의 단계를 분명하게 해주는 것도, 사물을 보고 의식 하고 이해하고 신체에 행동을 일으키는 것, 혹은 당신이 무엇인가를 할 때 당신을 인도해 주는 것이 바로 당신의 태도인 것이다. 따라서 성공으로의 열쇠는 강하고 분명한 태도를 만드는 것이다. 그리고 당신의 태도를 당신의 인생에 있어 물질적, 정신적 자산으로 만드는 것이다. 그러한 태도를 갖는 일이 가능해 진다면 그런 당신의 태도는 당신은 물론 당신 가족의 멋진 장래를 만들어 낼 수 있게 된다.

다섯 번째 스텝 - 행동

그리고 **다섯 번째 스텝**은, 자신이 원하는 것이 무엇인지를 제대로 이해하고 그것을 실현시키기 위한 행동이다.

인생의 방향을 바꾸기 위해서는 **힘찬 행동력이 필요하다.** 무엇을 하던 대범하게 해야 한다. "조금만 해보자."라던지 "조금만 시험 삼아 해보고 안 되면 관두자."

이런 식의 의지 약한 인간은 안 된다.

"자신에게 세일이 가능한 것인지 어떤지 두서너 집 방문해 보겠습니다."라든지 "이 일을 제가 할 수 있는 일인지 어떤지 해보겠습니다." 이런 인간은 낙오자가 되고 평생 성공할 수 없다. 무슨 일을 할 때나 모든 힘을 다해 아무튼 대범하게 하라. 두 주먹을 불끈 쥐며 야심찬 목소리로 외친다. **"좋았어. 100% 전력투구다."** 라고 힘차게 외치면서 말이다.

필요하다면 얼마든 간에 시간을 들여 자신의 인생에 도전하라. 눈앞의 일에만 정신을 빼앗겨서는 당신의 인생은 절대 호전되지 않는다. 시간이 없다면 이번에야말로 좀 더 힘찬 행동으로 유익한 인생을 만들지 않으면 안 된다.

여섯 번째 스텝 - 결단

여섯 번째 스텝은 결단이다. 결단이란 다음과 같은 말을 자신에게 들려주는 것이다. "제가 하겠습니다. 맡겨 주십시오."

이것을 말할 수 있어야 당신은 사람들로부터 신용 받고 신뢰 받고, 책임감 강한 적극적인 인간으로써 행동할 수 있도록 되는 것이다. 결단을 내리지 못하는 인간은 쓸모없는 약한 인간이다.

언제까지나 '저축보다 빚을 어떻게 갚을 것인가'라는 일밖에 생각할 수 없다면, 변함없이 쓸모없는 인간인 것이다.

자! 자신에게 되뇌어보라 "반드시 성공해 보이겠다."고. 당신이 '무엇을 할까?'라던지 '어디까지 해낼까?' 하는 것은 당신이 정하는 것이다.

당신의 욕망을 실현할 수 있도록 노력해라. 다른 사람들은 "넌 할 수 없어"라고 말할지도 모른다. 하지만 당신이 실현하겠다고 정한 이상 반드시 해 내겠다는 결심을 하지 않으면 안 된다. 자신에게 들려주라. **'반드시 해내겠다.'**고. **'스스로 해 내던지 그게 아니면 죽음이다.'**라고.

이렇게 결단을 내리면 두 가지 훌륭한 사실을 깨닫게 된다.

첫째로는 **도전하는 일의 스릴**이다.

어떤 일에 도전하는 스릴은 달리 비교 할 만한 것이 없을 정도로 멋진 일이다.

둘째는 **인간은 그렇게 쉽게 죽지 않는다**는 사실을 깨닫게 된다. 목숨을 걸고 결단을 내리면 많은 사람들은 당신이 하고 싶은 대로 하게 해 준다. 누구도 말릴 수 없는 것이다.

목숨을 걸고 결단함으로써 당신은 자신의 욕망을 반드시 실현할 수 있게 되어지는 것이다.

물론 당신이 욕망을 실현하기 위해서는 훈련이 중요하다. 당신의 멋진 장래를 향해 스스로, 또 의식적으로 정말로 노력하지 않으면 안 된다.

교재를 읽어 나갈 각오는 되어 있는가? 매일, 자신의 훈련으로써 의식적인 노력을 해나갈 각오는 되어 있는가? 철저하게 해나갈 수 있겠는가?

훈련하는 일은 훈련하지 않은 뒤의 괴로움에 비교하면 그다지 힘든 일이 아니다. 뒤늦게 후회하는 괴로움을 맛보지 않기 위해서도 훈련의 괴로움에는 버티어 나가겠다는 각오를 하지 않으면 안 된다.

"예 제가 하겠습니다." "예, 제가 가겠습니다." "그 일을 제게 맡겨 주십시오."

이런 조그만 일들도 매일 의식적으로 쌓아 나가는 것이다.

그런 것이 자연스럽게 할 수 있게 되어 지면 큰일도 이젠 괜찮다. 당신은 스스로에게 진저리가 나는 일도 경험했다. 인생을 바꾸고자 하는 결심도 했다.

<u>강한 의욕, 강한 태도를 만들고 결단력을 갖고 행동하는 것도 이미 몸에 배었다.</u> 어떤 일이 닥쳐도 당신은 능숙하게 대처할 수 있게 되었다.

이제부터는 어떤 일이라도 당신은 어떻게 대처하면 좋을지 알고 있는 것이다. 우선 자신의 능력을 믿어야 한다.

여자 혹은 어린아이라도 악조건 속에서 상상할 수 없는 일을 해내곤 하는 경우가 있다.

당신은 인생을, 사는 방법을, 멋지게 할 수 있도록 되어진 것
이다.

〈복습〉

첫 번째 스텝 : 자신을 바꾸는 계기를 만들어라.

두 번째 스텝 : 자신의 인생 방향을 바꾸고자 결심하라.

세 번째 스텝 : 불타는 듯한 의욕을 가져라.

네 번째 스텝 : 적극성 있는 분명한 태도를 만들어라.

다섯 번째 스텝 : 자신이 원하는 것이 무엇인지를 제대로
　　　　이해하고 그것을 실현시키기 위한 행동을 하라.

여섯 번째 스텝 : 결단이란 다음과 같은 말을 자신에게 들려
　　　　주는 것이다. "제가 하겠습니다. 맡겨 주십시오."

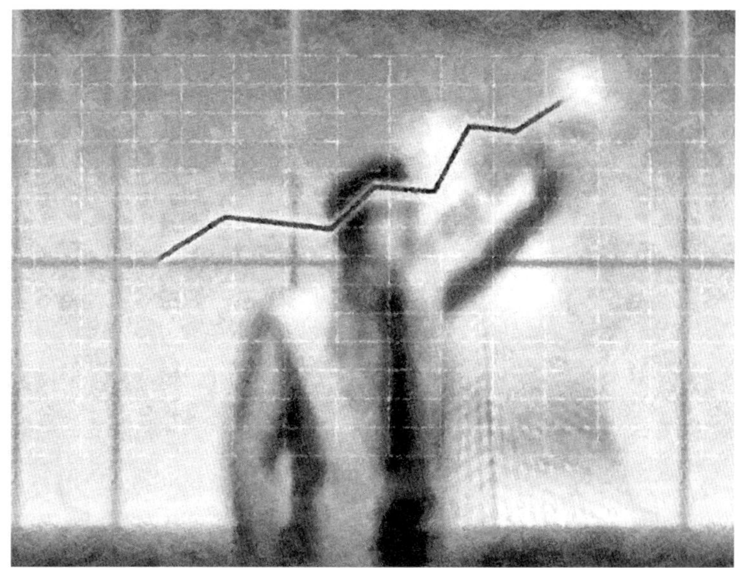

제3장 : 목표(目標)의 중요(重要)함

당신이 진정으로 목표로 삼고 있는 것은 무엇인가?

이것으로 모든 것이 정해지고 모든 것이 시작된다.

지금부터 당신의 인생은 모든 것이 당신 하기에 달려있다. 당신의 생활을 잘 보낼 수 있는 찬스가 현재에는 있기 때문이다. 따라서 당신이 지향하고자 하는 것, 그것 자체가 대단히 중요해 진다.

어째서 사람과 사람과의 삶에 차이가 있는 것일까?

도대체 무엇이 틀린 것일까?

그것은 삶을 살아가는 방식이 틀린 것이다. **멋진 미래를 실현할 수 있기 위한 열쇠가 있는 것을 아는 사람과 모르는 사람의 차이이다.**

자신이 원하는 삶의 방식을 실현하기 위해서는 돈이 드는 일이 많다. 하지만 돈이 얼마가 들던 간에 가능한 한 자신이 원하는 인생을 목표로 지향해야 한다.

왜냐하면 정신적인 면에서 향상이 가능해 지면 경제적인 면의 향상은 반드시 뒤따라오기 때문이다.

또 돈 그 자체에 대한 생각과 돈의 사용방법을 생각하는 것은 전혀 다른 일이다. 해외여행의 꿈을 갖고 있다 해도 꿈은 또 꿈으로서, 자신에게는 아무런 직접적인 관계가 없는 일이라고 생각하는 사람이 많다.

여행사에 전화해서 팸플릿 정도라도 받아 보면 어떻겠는가? 여행을 위해서는 말이다. 갈 수 있다, 없다는 지금 관계없는 일이다. 우선, 여행의 계획 정도는 세워보는 일이 당신에게는 필요한 것이다.

지금보다 훨씬 멋지게 사는 방식, 매력 있는 인생을 보내고 싶어 하는 사람들은 많지만 그것을 위한 직접적인 행동을 일으키는 사람은 대단히 적다.

행동하기는커녕 이미 현실생활에 타협하고 부부간의 대화조차 없어져 버린다. 이것이 결혼해서 4, 5년쯤 지나, 자식이 둘, 셋 정도 생기면 당연한 것처럼 되어 버린다.

일상생활에서 웃음이 사라져 버리고 남편은 아침 일찍부터 일어나 출근해 하루 종일 일하고, 거래처와 접대라고 하면서 밤늦게까지 돌아오지 않는다. 이런 생활이 즐거울 리가 없다. 하지만 어떨까? 이런 사람들은 인생을 과연 앞으로 얼마나 남았다고 생각하는 것일까? 30년, 40년, 50년은 남아 있는 것일까?

아니 결코 그렇지 않다. 30년, 혹은 40년을 살더라도 단지 30, 40회의 여름밖에 남아 있지 않다. 앞으로 30, 40회의 생일을 맞이하면 그것으로 당신의 인생은 이미 끝이라는 사실을 당신은 깨닫지 못하고 있다. 이것이 현실이다.

<u>자신의 중요한 인생을 단지 멍하니 바라보며 덧없이 세월을 보내며 그냥 보고 있을 것인가? 그 사이에도 시간은 점점 흘러가고 있다.</u>

당신의 인생이 바뀌지 않는 것은 사는 방식을 바꾸고자 하는 마음가짐이나 태도가 없이, 자신의 잠재능력을 깨닫지 못하였거나, 아니면 자신은 아무것도 할 수 없다고 포기하고 있기 때문이다. 아무리 정직하고 근면하며 남에게 친절하다 해도 자신이 하고 싶은 일에 자신의 능력을 발휘하지 못한다면 아무 소용이 없다.

또 새로운 사실이나 자신이 아직 경험하지 못한 일에 대해 두려워하는 사람이 많다. '남들이 뭐라고 하지 않을까?'라고 걱정하고, 포기하며 또다시 변화 없는 현상유지만의 생활을, 주눅이 든 상태로 계속해 가지 않으면 안 된다. 더욱 멋진 인생이 있다는 사실에도 더 이상은 의욕조차 갖지 않게 되어 버린다. 하지만 당신에게는 당신이 희망하는 대로의 인생을 살아갈 권리가 있다. 이것은 남이 뭐라고 말하던 간에 포기할 필요는 없는 것이다.

당신도 자신이 희망하는 멋진 인생을 살 자유가 있다.

학력, 경력, 성별 따위는 전혀 관계없다. 당신은 이 권리를 주장하고 지키지 않으면 안 된다.

좀 더 멋진 삶의 방식을 자신의 것으로 하기 위해서는 우선 자신이 자기의 인생에서 무엇을 바라고 있는가 하는 것을 확실하게 인식하고 있지 않으면 안 된다. 자신이 원하는 물건을 확실하게 정하면 그것을 손에 넣는 일은 그렇게 어려운 일이 아니라는 사실을 깨닫게 된다.

<u>부자가 되려면 정말로 부자와 같은 사고방식을 갖지 않으면 안 된다.</u>

<u>우선 머릿속에 돈을 넣지 않으면 지갑에도 돈이 들어오지 않는다.</u> 바로 눈앞의 것에만 신경 쓰지 말고 자신의 꿈을 그려보는 것이 중요하다. 멋진 인생을 원한다면 당신에게 있어서 보다 멋지게 사는 방식이란 무엇인가를 확실히 깨달아야 한다.

자신이 어떠한 인생을 보내고 싶은지, 또 어떤 물건이 필요한지를 확실히 정하라.

인생도 자동차운전과 마찬가지여서 제멋대로 행동하면 반드시 사고를 당하게 된다. 인생이란 사람에게 있어 단 한 번뿐이며 다시 하려 해도 할 수 없는 것이다. 그럼, 어떻게 하면 보다 멋진 인생을 생각할 수 있을까?

우선 자신이 그런 생활방식에 가까워지고, 자신도 그렇게 되고 싶다고 마음에 불을 붙여야 한다.

당신은 무언가 멋진 물건을 보았을 때 자기도 모르게 "아!"

라고 탄성을 지를 것이다. 그리고 그것을 손에 넣고자 마음속으로 다짐한다.

이렇게 자신이 원하는 물건을 보고 욕망에 불을 붙인다, 멋진 집을 원한다면 그런 집이 있는 곳까지 가서 실제로 그런 집을 눈앞에 두고 욕망을 불러일으키는 것이다.

고급차를 원한다면 벤츠나 BMW나 포르쉐 대리점에 가서 카탈로그를 가져 오는 것이다. 좌석에 앉아 직접 핸들을 잡아 보는 것도 좋다.

우선은 당신이 원하는 물건을 구체적으로 정하는 것이다.

인간은 태어나서 말하거나 걷게 되기까지 상당한 시간이 걸린다. 하지만 결심을 하는 방식은 그 정도의 세월이 걸려 익힐 필요는 없다.

자동차 면허를 따는 일이나 노름하는 방법은 많은 돈과 시간을 들여 연습하는 것이 당연하다고 생각한다. 그러면서도 결심하는 방법 따윈 조금도 배우려 노력하지 않는다.

당신은 진정 자신의 일임에도 타인의 생각에 좌우되어 하고 싶은 일도 하지 못하고 일생을 끝내고 말 것인가?

당신의 일생을 정하는 것은 당신의 사고방식이다. 따라서 사고방식에 따라 당신의 삶도 바뀌어 진다.

그렇기 때문에 머리를 쓰는데도 상당한 시간과 노력을 들이지 않으면 안 된다.

첫 번째 단계 : 자신의 욕망을 확실히 하라

자! 그럼 여기서 당신의 인생의 목표를 결정하고 실현하는 단계에 대해 생각해 보자. 우선 **첫째로 자신의 욕망을 확실히 해야 한다.**

"돈을 갖고 싶다. 집을 갖고 싶다."라는 희망적 관측으로는 안 된다. 당신의 목표를 실현하기 위해서는, 우선 정말로 원하는 것을 구체적으로 명확하게 하지 않으면 안 된다.

예를 들면 "지금부터 한 달 안에 50만원을 모으자."라는 식의 확실한 욕망을 가져야 한다. 이처럼 자신의 욕망을 하나하나 명확히 해나가는 사이에 자신에게 있어 멋진 삶이란 구체적으로 어떤 것인가 알게 된다.

또 그러한 목표에 도달하기 위해서는 무엇을 어떻게 하면 좋을까 하는 것도 저절로 명확하게 되어 진다.

보편적으로 사람들은 극히 일상적인 결정밖에 한 적이 없다.

예를 들면 "차로 갈까? 전철로 갈까?" "오늘은 영화를 볼까? 볼링을 칠까?"

이런 작고 간단한 결정 밖에 한 적이 없는 것이다. 따라서 큰 결정을 하기 위해서는 노력과 훈련이 필요하다.

두 번째 단계 : 원하는 것을 구체적으로 표현한다

여기서 당신의 목표를 실현하기 위한 **두 번째 단계는 원하는 것을 구체적으로 종이에 쓰는 일이다.**

보다 멋진 생활의 내용이 될 만한 일을 모두 써서 목표리스트를 만드는 것이다. 어린아이의 꿈과 같은 아주 큰 것이거나 아니면 전부터 갖고 싶다고 생각했던 물건이거나 무엇이던 좋으니까 쓴다.

<u>물질적인 목표뿐만 아니라 정신적인 목표도 써야 한다.</u> 실제로 써보면 자신이 원하고 있는 것이 무엇인지 정확하게 알게 된다. 따라서 시간을 들여 자신이 원하는 물건을 종이에 써보지 않는 한 당신의 생활은 지금까지와 조금도 바뀌지 않는다.

당신이 자신의 인생을 정말로 바꾸고 싶다면, 우선 먼저 자기 자신을 바꾸지 않으면 안 된다는 것을 기억해 두지 않으면 안 된다.

목표를 '구체적으로 한다'라고 하는 것은 멋대로 한다고 해서 될 일이 아니며 그렇다고 쉬운 일도 아니기 때문에 노력하여 목표를 종이에 써가며 구체적으로 설계하지 않으면 안 된다.

자신의 중요한 장래계획을 될 대로 되라는 식으로 하고 있는 사람이 많다. 일은 열심히 하되 자신의 장래계획을 진지하게 생각하고 있는 이는 극히 적다. 이렇게 말하는 사람도 있을지 모른다. "일이 너무 바쁘다. 집에 돌아와 식사하고 TV를 조금 보면 자야지. 그렇지 않으면 내일이 걱정이다. 도저히 계획 따위는 세울 시간이 없다."

이런 말을 하는 사람은 분명히 정직하고 친절하며 열심히 일하는 사람일 것이다. 하지만 장래를 생각하며 설계하는 사람은 분명히 아니다. 따라서 돈은 물론이고 성공할 수 없다. 그렇기 때문에 목표실현을 위해 장래 계획을 명확히 하고 연마할 필요가 있는 것이다.

구체적으로 확실하게 종이에 쓴다. 자신을 강하게 하기 위해서도 쓰지 않으면 안 된다. 그냥 머릿속에 넣어 두어서는 잊어버릴 것이 뻔하다.

더 좋은 방법은 항상 일기장을 이용하는 것이다. 밤에 자기 전에도 베개 옆에 두고 갑자기 생각난 일, 하고 싶다고 생각하는 일 등의 모든 것을 일기장에 쓴다.

중요한 것은 매일 거르지 않고 써야한다는 점이다. 이렇게 해서 **설정된 목표는 물질적 목표와 정신적 목표의 두 가지로 나눌 수 있다.**

물질적 목표란, 다시 말하면 경제적 목표이므로 충분한 검토 후 계획을 세울 필요가 있다.

의외로 많은 사람들이 인생의 목표란 말 따위 들어 본적도 없다. 길에서 지나가는 사람에게 "당신의 인생 목표리스트를 보여 주십시오."라고 물으면 한심하다는 표정으로 "당신 좀 이상한 거 아니야."라는 말을 듣는 것이 고작일 것이다. 또 대부분의 사람들이 경제적인 목표에 대해 물으면 상당히 부정적으로 대답하는 사람들이 많다.

"돈은 사람을 변하게 한다. 돈은 악의 근원이다. 돈을 벌면 인간은 인색해지고 심술장이가 된다."라고. 하지만 이것은 역시 돈을 많이 가져본 적이 없는 사람들이 하는 말이다.

“돈은 결코 사람을 바꾸지 않는다. 단지 그 사람의 성격을 더욱 강하게 나타낼 뿐이다.”

교만한 사람은 돈에 의해 더욱 교만해진다. 하지만 관대한 사람은 더욱 관대해지고 타인에 대한 배려도 깊어진다. 수많은 부자들이 지역사회에 공헌하며 다리를 놓거나 학교를 세우고 병원을 만든다. 돈이란 바르게 사용하면 그 사람의 성격을 한층 더 두드러지게 만들어 주는 힘이 있다.

정신적 목표는 물질적 목표와 밀접한 관계를 가지고 있으며 무언가를 실현했을 때 맛보는 달성감이 그것이다. 즉 기쁨과 자부심과 긍지를 말하는 것이다.

인생을 마음속으로부터 즐기고 행복해 한다. 이것이야말로 최고의 정신적인 목표이며 한편으론 인간의 궁극적인 목표이기도 하다. 따라서 물질적 목표와 정신적 목표는 뗄려야 뗄 수 없는 관계임을 알 수 있다.

인간이 생각하는 것만으로 생활이 좋아지게 된다면 모든 사람들이 틀림없이 성공했을 것이다. 하지만 생각하는 것만으로는 아무것도 바뀔 리가 없다.

욕망을 불태우고 목표나 계획을 종이에 써서 그것을 실행하기까지 함으로써 비로소 인생이 크게 바뀌게 되는 것이다. 이점을 잘 기억해 두자.

계획을 세우지 못하는 사람은 실패하기 위한 계획을 열심히 세우고 있는 것과 마찬가지이다.

보통 사람들과 같은 일을 하고 있어서는 안 된다. 자신은 아무엇도 하지 않으며 "정치가가 해주겠지. 조합이나 은행이 어떻게 해주겠지." 하는 식으로 다른 사람에게 의지하며 단지 기다리고 있는 것만으로는 안 된다.

자기 스스로가 자기 자신의 가장 큰 힘이다.

자기 자신이 가장 큰 의지가 된다는 것을 잊어서는 안 된다. 스스로 열심히 장래의 계획을 세우지 않는 한, 남들의 말에 따라 하는 꼭두각시가 될 뿐이다. 약간의 수입으로는 은행에 저축조차도 할 수 없다.

그것으로 만족한다면 더 이상 말할 필요도 없다. 하지만 그런 어쭙잖은 인생이 싫다면 스스로 장래의 계획을 세워야 한다.

당신이 아무리 열심히 일하고 있다 해도 그것만으로는 당신의 인생은 조금도 바뀌지 않는다.

당신은 이제 결심했다. **반드시 멋진 인생을 만들겠다고!** 그리고 당신에게 있어서의 멋진 삶의 방식과 구체적인 내용도, 목표리스트에 쓰여 있다. 대단히 멋진 일이다.

세 번째 단계 : 목표의 크기를 정한다

멋있는 인생을 실현하기 위한 **세 번째 단계는 목표의 크기를 정하는 것이다.**

목표의 크기는 결과까지도 좌우하게 되므로 대단히 중요하다. 당신 목표의 크기가 당신의 인격을 좌우한다.

웃음, 말투, 태도, 악수까지도 영향을 준다. 당신 자신도 자신이 설정한 목표에 항상 직접적인 영향을 받는 것이다.

틀림없이 많은 사람들이 목표를 갖고 있지만 너무나도 작은 목표이기 때문에 효과도 작아져 버린다.

"1년 안에 빚을 모두 갚을 수 있다면."

이런 작은 목표로는 자기 자신도 작아질 뿐 아니라 그 효과는 그야말로 제로(0)에 가깝다. 이래서는 목표가 당신에게 동기부여를 받아 당신이 일하고 싶어지게 되는 효과를 발휘할 수 없다. 그 목표는 단지 일하지 않으면 안 되는 원인으로 끝나게 되고 만다. 작은 목표로는 빈약한 효과밖에 나올 수 없음을 결코 잊어서는 안 된다.

네 번째 단계 : 목표의 성격을 정한다

멋진 인생을 실현하는 **네 번째 단계는 목표의 성격을 정하는 일이다.** 욕망에 불을 붙이고 당신 자신이 스스로 행동을 하도록 해줄 수 있는 목표, 즉 이것이 당신 목표의 성격이다.

생각만 해도 엑사이트(Excite) 할 수 있는 일. **"하겠다."** 라는 마음을 불러일으킬 수 있는 것이 아니면 안 된다. 당신의 목표가 이러한 것이 아니라면 목표를 바꿔야 한다. 목표를 바꿈으로 해서 인생까지도 크게 바뀌어 진다.

시야가 좁으면 사람이 작아져 버리고 만다. 엑사이트 할 수 있는 목표나 계획이 아니면 그 사람은 죽은 것이나 다름없다. **당신을 엑사이트하게 만들고 행동을 부추기어 몰아붙일 수 있는 꿈과 목표를 가져라.**

그 다음은 욕망, 신념을 높여 목표를 확실하게 달성시키기

위해 <u>당신의 목표를 장기적인 것과 단기적인 것으로 구별해 나누는 것이 중요하다.</u>

장기적 목표의 설정이란 것은 현재보다 1년, 3년, 5년, 10년, 20년 후의 목표로 이 장기적 목표의 설정은 대단히 중요한 것이므로 당신만 아니라 당신의 배우자도 같이 설정해야 할 필요가 있다.

뿐만 아니라 동시에 단기적인 목표의 설정도 하지 않으면 안 된다.

단기적인 목표는 내일, 이번 주, 이번 달, 최근 2, 3개월 사이에 달성할 일이기 때문에 대단히 중요한 것이다.

단기적인 물질적 목표와 정신적 목표의 설정에 힘과 정열을 쏟다보면 어느 날 돌연 당신의 장기적 목표도 실현이 된다. 하지만 단기적인 목표가 확실하지 않으면 아무것도 이루어지지 않는다.

"성공하고 싶다."라고 막연하게 생각은 하면서도 내일 할 일이 무엇인지조차 확실하지 않은 사람이 많다. 결단코 이런 사람들 중에 성공자는 없다.

가난한 생활을 보내는 일은 쉽고 간단하며 노력도 필요 없다. 하지만 이래서는 당신의 인생은 엉망이 되어 버린다. 매일 해야 할 기본적인 것들을 확실하게 해나가면 결코 가난하게 될 일은 없다.

거기서, 일기장의 활용이 중요해 진다. 일기장에 매일의 목표리스트를 만들고 매일 밤마다 실행 했는지, 그렇지 못한지를 체크한다.

그리고 그날 하지 못한 일은 다음날의 계획에 집어넣는다. 그리고는 잠을 잔다. 이것이 확실히 향상할 수 있는 방법 중의 하나다. 즉 매일 성공 달성을 쌓아 가는 것이다. 조그만 일이라도 그것을 해내면 성공이다.

자신이 원하는 것을 분명히 해라. 그리고 그것을 손에 넣기 위해서는 어떻게 하면 좋을지를 밝혀라. 이 습관을 몸에 익히면 '자신이 성공하고 있다'라는 사실을 분명하게 실감할 수 있게 된다.

즉, 당신은 자신이 세운 목표에 도달할 수 있게 되는 것이고 목표를 더욱 크게 해 나갈 수 있게 되는 것이다. 그렇게 되면 내 집, 자동차, 해외여행이라는 목표를 쓰면 그것의 실현을 기대할 수 있게 된다.

다섯 번째 단계 : 목표를 보고, 만진다

보다 멋진 인생을 실현하기 위한 **다섯 번째 단계는 목표를 보고, 만지는 것이다.** 예를 들어 새로운 집을 짓고 싶다고 생각한다면 여러 가지 집의 샘플을 보러 나가야 할 것이다. 그리고 환경, 설비, 디자인, 건축 상태를 잘 보고 검토하여 거기에 가격까지도 생각해 본다. 그 집을 건축한 회사에 가서 얼마나 걸렸는지, 얼마가 들었는지 등 여러 가지를 질문해 본다.

그러면 건축회사의 사람은 친절하게 가르쳐 줄 것이다. 그 다음엔 그 집에 관해 자세히 구체적으로 생각하기 시작하는 것이 좋다.

어느 정도의 예산으로 어디에 세울 것인가?

언제부터 공사를 시작할 것인가?

어느 건설회사에 설계를 맡길 것인가?

그런 식으로 점점 계획을 진행시켜 나간다. 이렇게 집을 손에 넣기 위한 행동계획을 구체적으로 진행시켜 나가지 않으면 안 된다. 이렇게 함으로써 막연했던 꿈이 구체화되며 현실로 실행에 옮길 수 있는 상세한 계획으로까지 발전하게 된다. 그러면 흥분감에 넘치는 매일을 보내게 될 것이다.

여섯 번째 단계 : 장해 극복의 방법을 익힌다

다음은 보다 멋진 인생을 실현하기 위한 **여섯 번째 단계로 장해 극복의 방법을 몸에 익히는 일이다.**

우선 첫째로는 "자신이 나아갈 길에, 가로 막고 있는 장해요인을 반드시 극복하겠다."라고 굳은 결심을 하는 일이다. "어떤 일이 일어나도 나는 해내고 말겠다."라고 결심하면 더 이상은 결과에 대해서 이런저런 생각을 할 필요가 없어진다. 생각해야 하는 것은 눈앞의 장해를 극복하는 방법이다.

이것을 철저하게 생각해야 한다. 장해를 극복하기 위해서는 어쨌든 행동으로 옮겨야 한다. 그중에서 가장 좋다고 생각되는 방식으로 전진하는 것이다.

당신이 가진 장해의 대부분은 심리적인 것이다. 즉 마음속에 있는 것이라는 사실을 잘 알아두지 않으면 안 된다.

당신의 장해는 누군가가 당신의 마음속에 심어 놓은 것인지도 모르고 또 외부로부터의 자극에 의해 저절로 생겨난 것인지도 모른다. 하지만 당신이 목표를 실현하고자 하는 굳은 결심만 있다면 그 결심의 힘으로 당신은 외부로부터의 장해를 쳐부술 수가 있는 것이다.

여러 번 강조해서 말했듯이 우선 자신이 원하는 것을 어린 아이가 된 기분으로 큰일이든 작은 일이든 간에 글로 써보는 것이다.

나는 반드시 그 목표를 실현할 수 있다고 확신하지 않으면 안 된다. 명확하게 글로 써봄으로써 당신의 꿈이 현실로 움직이기 시작한다. 따라서 어떻게 하면 손에 넣을 수 있을까 하는 것은 그다지 걱정할 일이 아니다.

문제는 "무엇을 원하고 있는가."이다. 왜냐하면 욕망이 크면 클수록 또 강하면 강할수록 손에 넣기 쉬워지기 때문이다.

해야 할 일이 크면 클수록 욕망이나 집념도 커지고 당신은 상상도 할 수 없는 대단한 일을 해낼 수 있다.

자! 당신의 목표를 향해 출발해라! 목표는 우선 작은 것으로 시작하여 점차로 커지는 것이다. 내일부터가 아니라 오늘부터 당장 시작하자.

당신의 인생에서 중요한 사람들 모두가 같이 하는 것이다. 직장에서나 각각의 사람들 모두가 각자의 목표 리스트를 가지고 그것을 달성해 가자.

<u>매일 모든 사람들이 서로 이야기하며 멋진 결과를 낼 수 있도록 해나가는 것이다.</u> 어린애라 할지라도 목표를 가지고 노력하면 역시 그것을 달성해 갈 수 있다.

구하라! 그러면 얻어질 것이다

여러분은 이제 목표의 중요함을 알게 되었다. 그렇다면 다음으로 해야 할 것은 무엇일까?

목표실현의 열쇠가 되는 것은 "**구(求)하는 것**"이다.

실현할 것을 결심하고 의욕을 불태우며 철저하게 '원한다'라는 태도가 몸에 배지 않으면 안 된다. 당신의 목표를 실현하고자 하는데 있어서 이처럼 중요한 말은 없다.

"구한다."

"구한다."라는 것은 원하는 물건을 손에 넣기 위해 좋은 계획을 만든다는 것이다. 자신이 원하는 물건을 구하고자 계속해서 노력하면 언젠가는 그것을 손에 넣을 수 있는 찬스를 잡을 수 있게 된다. 당연한 일이다.

"구하라. 그렇지 않으면 주어지지 않는다."

"찾아 헤맬 시간 따위는 없다"라고 말할 사람이 있을지도 모른다. 하지만 구하지 않는 사람은 원하는 물건을 손에 넣을 수 없다.

설령 열심히 일했다 하더라도 원해서 찾지 않는 사람은 가난뱅이의 생활 밖에 할 수 없는 사람이며 그 사람의 삶은 평생 바뀌어 질 리가 없다.

세상에는 찾으면 얻을 수 있는 것들이 얼마든지 있기 때문에 당신이 원하는 만큼 가져오면 된다. 아무리 가져와도 줄어들 일이 없다.

바닷물을 퍼오려 한다면 스푼보다는 큰 물통을 가져가는 편이 훨씬 더 많이 퍼 담을 수 있는 것은 당연하다. <u>조그만 계획으로는 욕망에 불이 붙지 않는다.</u> 따라서 구하고 또 구하는 것이다. 당신이 원하는 물건을 구하는 방법에는 2가지가 있다.

구하기에 필요한 마음가짐 1
첫 번째로 확실하고 구체적으로 구하는 것이다.

그렇지 않으면 아무것도 손에 넣을 수 없다. 자신이 원하는 물건을 명확히 하는 것이다.

구체적으로 바란다고 하는 것은 넓이, 높이, 양(量), 기간, 사이즈 등에 관한 것까지도 확실하게 알아둔다고 하는 것이다. 그런 것이 확실하지 않으면 좀 더 자세한 목표로 바꾸지 않으면 안 된다.

예를 들어 당신이 건설 회사를 불러 계획도 설계도도 없이 단지 큰집을 지어 달라고 해봤자 집은 세워질 리가 없다. 당신의 계획이 그런 정도라면 우선, 집은 절대 서지 않는다. 세밀한 설계도가 있어야만 비로소 집을 세울 수 있게 되는 것이다.

자신의 장래를 너무나도 막연하게 생각하는 사람이 있다. 그 사람은 어디로 가는지 행선지를 모르는 사람과 같다. <u>행선</u>

지도 모르면서 어떻게 목적지에 도착할 수 있겠는가?

둘째는 신념을 가지고 구(求)하는 일이다.

아이와도 같이 자신이 원하는 물건은 반드시 손에 넣을 수 있다고 굳게 믿고 구하는 것이다. 굳센 신념은 태산도 밀어내는 힘이 있다고 하였다.

계획을 세울 때는 어른처럼, 믿을 때는 아이처럼 되어야 한다. 그러면 목표는 반드시 달성할 수 있게 된다. 아이와도 같은 신념과 어른의 계획성을 합하면 어떠한 목표에도 반드시 도달할 수 있게 되는 것이다.

한 가지 더 중요한 부분이 있다. 당신이 구하고자 하는 것 전부를 반드시 손에 넣을 수 있다고 믿어야 한다. 그런데 노력했으나 결과적으로 손에 넣지 못하게 되는 경우도 생긴다.

목표 리스트를 만들어도 전부를 손에 넣을 수는 없다는 사실을 알게 되면 모든 것을 포기해 버리는 사람들이 대단히 많다. 인생을 야구에 비유해 보자. 야구에서 3할대 타자의 몸값은 부르는 게 값이다. 열 번 타석에 들어서서 세 번을 치고 일곱 번은 아웃이다. 그럼에도 최고의 선수인 것이다.

그렇기 때문에 당신의 목표도 마찬가지다. 10번 중에 3번만 성공한다 해도 대단한 성공인 셈이다. 목표가 10번 모두 손에 들어오지 않아도 결코 패배자는 아닌 것이다. 따라서 계획을 세워 어떤 것이나 손에 넣겠다는 신념을 가지고 계속해서 전진해 나가지 않으면 안 된다.

한 두 번의 실패로 결코 스스로를 비하할 필요는 없다. 인생은 말하자면 성공으로의 모험인 것이다. 그리고 도전인 것이다. 그 모험에 도전해서 전부 이길 필요는 없다.

다만, 명심해야 할 중요한 두 가지가 있다.

구하기에 필요한 마음가짐 2
첫째는 게임에 참가하는 일이다.

항상 타자석에 들어가 아무리 더운 여름이라도, 아무리 비가 오더라도, 배트를 전력으로 휘두르는 것이다. **단 하루라도 빠져서는 안 된다.** 언제나 당신의 게임인 것이다. 그리고 하루하루 목표 리스트를 가져야 한다. 목표 리스트를 갖고 있지 않으면 이겼는지 졌는지 알 수가 없다. 그래서는 승패를 모르는 쓸모없는 나날을 보내게 된다. 따라서 매일 목표를 설정하고 달성하도록 노력해야 한다. 매일 경기에 참가하고 매일 득점을 올리도록 노력하는 것이다.

둘째는 언제나 이길 수 있다고 믿는 일이다.

언제나 이길 수 없다고 말하는 사람이 있을지도 모른다. 사실 질 수도 있다. 그럼에도 언제나 이길 수 있다고 믿지 않으면 안 된다. '**성공자는 언제나 이길 수 있다. 언제나 자신은 할 수 있다**'고 믿는 것이다.

다시 한 번 반복하지만 첫째로, 항상 게임에 참가 할 것.

둘째로는 언제나 게임에 이길 수 있다고 믿을 것. 지는 것은 죄가 아니다. 하지만 시도조차 하지 않는 것이야말로 죄

(罪)이다.

시합이 끝났을 때 당신의 전적은 삼진도 있고 홈런도 있을지 모른다. 하지만 적어도 게임에 참가하지 않았을 때보다 당신의 성적은 분명히 좋아져 있을 것이다. 자신의 장래의 생활 방식, 즉 라이프스타일을 생각하라.

또 하나 주의할 점은 과거의 일을 변명하지 마라. <u>과거는 관계없다는 사실을 알게 되면 당신은 반드시 성공의 인생으로 인도될 수 있을 것이다.</u>

당신은 달성하고자 하는 목표를 이미 종이에 썼을 것이다. 그 리스트를 잘 보라. 거기에는 경제적 목표가 쓰여 있고 단기적 목표와 장기적 목표로 나뉘어져 있다.

그 다음은 그 계획에 따라 항상 노력하며 성공할 수 있다고 스스로 굳게 확신하는 것이다. 우선 먼저는 단기적 목표에 집중할 일이다. 그러면 당신 마음속에 그리고 있는 장기적 목표의 실현에 머지않아 통한다.

이처럼 언제나 게임에 참가하고 언제나 이길 수 있다고 믿으면 자신이 놀랄 정도의 일도 달성할 수 있게 될 것이다.

자신을 바꾸고, 목표를 설정하고, 계획을 세우는 일은 당신이 멋진 인생을 실현하고자 굳게 결의 했을 때부터 의외로 간단한 것이 되어 여러 가지 목표도 쉽게 달성할 수 있게 될 것이다.

따라서 당신이 진정한 행복을 마음속으로 느낄 수 있게 되고 당신의 생활 속에 안정감과 만족감을 되찾는 것도 가능하게 될 것이다.

〈복습〉

첫 번째 단계 : 자신의 욕망을 확실히 하라.

두 번째 단계 : 원하는 것을 구체적으로 표현한다.

세 번째 단계 : 목표의 크기를 정한다.

네 번째 단계 : 목표의 성격을 정한다.

다섯 번째 단계 : 목표를 보고, 만진다.

여섯 번째 단계 : 장해 극복의 방법을 익힌다.

구하기에 필요한 마음가짐 1

첫째, 확실하고 구체적으로 구한다.

둘째, 신념을 가지고 구한다.

구하기에 필요한 마음가짐 2

첫째, 성공의 게임에 참가한다.

둘째, 언제나 이길 수 있다고 믿는다.

힘찬 낭독 / 강력한 느낌 / 강한 행동

제4장 : 인간(人間)의 매력(魅力)

　제 4장에서는 사람을 끌어당기는 매력, 즉 인격형성에 대해 배운다.

　당신의 욕망, 당신의 결심, 당신의 태도와 행동, 어떻든 당신이 하는 일이나 성취하고자 하는 일 등 모든 것에 나타나게 되는 것이 당신 인격의 힘이다. 또한 인격은 올바른 인간관계를 형성하는 힘이기도 하다.

　<u>다른 생물과 마찬가지로 인간도 역시 변화하기를 멈추지 않는다.</u> 하지만 인간은 스스로 노력해서 의식적으로 성장방향이나 성장속도를 정할 수 있다

　즉, 당신 자신의 결심여하에 따라 당신의 장래가 바뀌고 성공도 행복도 가능하게 되는 것이다. 이 성장의 힘은 타인에 의해서 주어지는 것이 아니라 자신의 내부로부터 나온다.

그것을 만들어 내는 것이 당신 인격의 힘, **즉 인간적 매력이다.** 물론 타인의 의견이나 생각이 전혀 영향이 없는 것은 아니나, 당신의 인생 방향이나 목적을 정하는 것은 당신 이외의 그 누구일 수도 없다.

인격의 힘

우리는 어째서 인간적 매력을 배우지 않으면 안 되는 것일까? 그것은 당신의 인격이 당신의 잠재능력을 살려 인생을 알차게 살 수 있도록 되기 위해서다.

당신의 인격은 중요하다. 성공하기 위한 결정적인 요소는 당신이고, 당신의 인격이 당신의 성공을 정하기 때문이다.

당신은 때때로 본인도 모르게 왠지 사람을 끄는 듯한 인물을 만난 적이 있을 것이다. 그런 인물이 있는 곳에서는 주위의 사람들이 밝고 즐거워 보이며 생기 있고 엑사이트해 진다. 그 사람이 의식적으로 특별한 무엇인가를 하고 있는 것도 아니다.

그런데도 그 사람의 주변에 사람이 모인다는 것은 모든 것이 그 인물의 인간적 매력, 즉 인격의 힘인 것이다.

그런 사람은 과연 어떻게 해서 자기 주위의 사람들을 끌어당길 수 있는 것일까?

우선 첫째로 그런 인물은 언제나 생기가 넘쳐있고 엑사이트하다. 언제나 당당히 인생에 맞서며 결코 멍청해 있거나 할 일 없이 빈둥거리고 있거나 하지 않는다.

언제나 무슨 일이던지 잘되어 가고 있는 것처럼, 인생을 즐기고 있는 것처럼 보인다. 지금까지 즐거웠던 이야기, 지금부터의 멋진 계획에 대한 이야기로 항상 주위 사람들을 강하게 끌고 있다.

이런 인물은 항상 주위 사람들에 대해 배려하며 주의력을 발휘하여 찬스를 놓치지 않도록 하고 있다. 또, **활기가 있으며 항상 행복해 보인다.** 얼마나 멋진 일인가!

둘째로 그러한 인물은 대단히 겸허하다.

항상 강한 자신을 가지고 있지만 교만한 태도를 취하지 않는다. 사물의 판단에 대해 자신에게 있어 무엇이 올바르고 무엇이 올바르지 않은가에 분명한 판단력을 갖고 있다. 무슨 일에나 스스로 진실을 확인하고 판단한다. 따라서 신문기사로 만족하는 따위의 일은 결코 없다.

자신의 사고방식에 있어서도 마찬가지다. 이런 인물은 자신이 잘못한 것을 알면 용기를 가지고 대처한다.

"내 판단은 틀렸었구나. 좋은 교훈이 되었어, 두 번 다시 이와 같은 실수는 거듭하지 않겠다."라며 <u>실패를 오히려 인생전환의 찬스로 바꾸는 것이다.</u>

셋째로 그러한 인물은 자신이 지금 무엇을 해야 하는지 잘 알고 있으며 항상 확인하고 있다.

즉, 명확한 목표와 거기에 도달하기 위한 멋진 계획을 가지고 있다. 그것도 스스로 만들고 있으므로 항상 어떻게 하면 좋을지를 알고 있다.

목표를 명확히 잡고 있고 계획도 완벽하게 세워져 있다. 따라서 그런 인물이 갖는 꿈은 단순히 꿈에서 끝나지 않고 현실적으로 실행에 옮겨질 수 있는 것이다.

이러한 사람은 정말로 매력이 넘쳐흐른다. 당신도, 남들로부터 존경 받는 사람이 갖고 있는 것과 같은 인격을 당신 안에서 키워야 하는 것이다.

그럼 과연 어떻게 하면 매력 있고 타인을 끌어당길 수 있게 될까? 이 인격은 지성적인 것이기도 하고 정신적인 것이기도 해서 주위 사람과의 인간관계에 커다란 영향을 미친다.

사람이 살고 있다는 것은 진보하고 있다는 것이다. 진보해 감으로써 인간은 생기발랄한 인생을 즐기는 것이 가능하다. 그리고 **그러한 사람에게는 불가사의한 힘이 발산된다.** 그 힘이 주위 사람을 끌어당긴다. 그 힘이 바로 인간적 매력의 힘이다.

그 인간적 매력에 의해 자신이 바라던 대로의 희망과 기쁨과 풍요함이 넘치는 밝은 인생을 보낼 수 있게 된다.

핑계 대지 마라

반대로 인간은 진보하는 것을 멈추면 주위 사람들을 끌어당기는 힘, 즉 인간적 매력을 상실하게 된다. 그리고 우리에 갇힌 동물처럼 단지 주어지는 것에만 만족하고, 스스로 무엇인가를 하려고는 않고 단지, 왜? 자신이 잘되지 않았는지, 왜 생각대로의 결과가 나오지 않았는지에 대한 이유만을 길게 늘어놓게 되고 만다. 그리고 모든 것을 자신 이외의 탓으로만 돌리게 되며 다른 모든 사람들의 탓으로 돌리고 자신에게는 아무런 잘못도 없다고 생각한다.

이러한 사람들의 대체적인 변명은 먼저 "시간이 없다."라는 것이다. "시간만 있다면 잘할 수 있는데."라고 말한다.

하지만 누구에게나 하루는 24시간뿐이다. 대한민국 아니 세계 어디나 하루는 24시간이다.

하루 24시간의 같은 조건 속에서 월 100만원을 버는 사람과 월 1,000만원을 버는 사람이 있는 차이는 어째서 일까? 그 차이는 시간 내에 행해지는 일의 가치에 따라서이다.

돈은 시간에 대해 지불되어 지는 것이 아니라 그 시간 내에 행해진 가치에 대해 지불되어 지는 것이다.

그럼 똑같은 인간이 3배, 4배나 가치 있는 인간으로 될 수 있는 것인가? 같은 시간으로 3배, 4배나 돈을 버는 일이 가능한 것일까? **물론 가능하다.** 그리고 그렇게 되고 싶다고 당신이 진지하게 생각한다면, 시간을 유효하게 이용하는 방법을 몸에 익히고자 진지하게 노력하지 않으면 안 된다.

중요한 것은 시간 그 자체가 아니라 그 시간 내에 얼마만큼 가치 있는 일을 할 수 있는가 하는 것이다.

여기까지 말해도 아직 믿으려 하지 않는 비판적인 사람이 있다. 그들은 자신이 성공하지 못하는 이유를 여러 가지 들추어 낼 것이다.

"틀림없이 그럴 거야, 하지만 난 매일 열심히 일했어, 정말로 잘하고 있기 때문에 이 이상은 뭘 할 시간도 없어.”

“정치를 못하니까 인플레가 계속되는 거야, 우리 생활이 나아질 리가 없어.”

“정치가가 뇌물을 받기 때문에 나아지지 않아.”

“국회 따윈 신용할 수 없어.”

“높은 세금 때문에 생활이 힘들어.”

분명히 이런 일들이 좋은 일이라고는 할 수 없지만, 이것이 당신의 가난한 생활의 직접적인 원인이 되는 것은 아니다.

은행 대출이자가 높다던가, 물가가 높다는 것도 마찬가지로 관계없는 것이다. 이와 같은 이유를 든다면 혼자 길을 걷다 넘어진 것조차 이유가 될 것이다. 또 이런 사람도 있을 것이다.

“부잣집에 태어나지 못했다.”

“학력이 없다.”

“친척이 도와주지 않는다.”

“친구 운이 없다.”

“가족들은 자기 자신만 생각하고 나에 대한 배려가 없다.”

진실로 중요한 것은, 이러한 일들로 핑계 대는 것을 그만두는 일이다.

이러한 것들은 당신이 성공하지 못하는 것을 정당화하는 변명에 지나지 않는다. 여기서 당신이 알아두지 않으면 안 될 것은 ‘성공하느냐? 못하느냐?’는 어떤 사건이나 외부조건에 의해 정해지는 것이 아니라 그 사건이나 조건에 대해 ‘어떠한 태도로 대처하였느냐'에 따라서 정해진다는 것이다.

당신이 성공적인 인생을 만들기 위해서는 틀림없이 외부로부터의 조건도 간접적으로는 영향이 있다.

직업이나 도구, 훈련, 또는 강력한 지도자, 이러한 조건이 갖추어 지면 물론 대단히 좋은 상황일지도 모른다. 날씨가 좋다면 그것도 좋은 일이 될 것이다.

아내와 가족 혹은, 주위 사람들의 이해와 지지가 있다면 그것도 좋은 일이 될 것이다. 물가나 세금이 안정되어 있다면 틀림없이 그러한 것들도 도움이 된다. 하지만 유감스럽게도 이런 완벽한 조건은 갖출 수가 없고, 설령 갖췄다고 해도 그것으로 성공할 수 있다고 생각한다면 그것은 커다란 잘못이다.

<u>다시 강조하지만 당신의 장래를 보다 멋지게 할 수 있는 열쇠는 당신 자신의 손에 달려 있다.</u> 외부로부터의 일어난 일은 누구에게나 마찬가지 조건이다. 결과를 바꾸는 것은 당신이 그것에 어떻게 대처하는가 하는 것이다.

가장 확실한 이야기를 해보자. 어떤 두 사람에게 똑같은 일이 일어나도 한쪽은 부자가 되고, 다른 한쪽은 가난뱅이가 된다. 그것은 일어난 일에 대해 두 사람이 대응한 행동이 틀리기 때문이다.

어느 날 아침, 두 사람이 일어나 보니 밖은 엄청난 폭우였다.

한 사람이 말하기를, "엄청난 비네, 이래서야 장사가 될 턱이 없지."라고 말하고는 다시 이불 속으로 들어가 버렸다.

다른 한사람은 이렇게 말했다. "엄청난 비다, 이런 비라면 누구도 집에 있을 거야, 좋았어, 오늘은 많은 집을 돌아야지,” 라며 벌떡 일어나 나갔다. 이 두 사람의 수입이 틀려질 것은 당연한 일이다.

가난한 사람의 집 위에만 비가 오는 일은 없다. 부자의 집에도 비는 똑같이 내리는 것이다. 따라서 날씨로는 이유가 되지 않는다. 중요한 것은 그 날씨 속에서 당신이 어떻게 행동했는가 하는 것이다.

자신에게, 아주 나쁜 상황을 날씨나 다른 일, 또는 다른 사람 탓으로 핑계 대는 사람은 생각해 볼 일이다.

당신을 바꿔라

주어진 여건 속에서 당신이 어떻게 대처 하느냐에 따라 은행에 저축하게 되는 금액마저도 바뀌어 진다.

중요한 것은 당신이 그때그때마다의 상황에서 어떻게 하느냐 하는 것이다.

당신에게 저금이 한 푼도 없다고 하자. 그때 당신은 어떻게 하겠는가? 빚은 늘고 있고, 어떻게 할 것인가? 중요한 것은 그 상황에서 당신이 ‘어떻게 할 것인가’하는 것이다.

“이 어지러운 세상에 무얼 할 수 있겠어. 나처럼 나쁜 조건의 인간이 무얼 할 수 있겠어, 대체 어떻게 하면 좋을까?”라고 하는 사람도 있을 것이다. 하지만 인간은 어려운 상황 속에서 스스로도 믿기지 않는 상상하기 어려운 일들을 곧잘 해내곤 한다.

헤엄 칠 줄 모르는 엄마가 급류에 뛰어 들어 물에 빠진 자식을 구해낸 것과 같은 일이 그것이다. 우리들은 인간이다.

인간은 모든 것을 스스로 만들어 낼 수 있는 능력을 갖고 있다.

황무지를 논밭으로 바꾼다든지 부채를 무로 만드는 일도 가능하다. 무를 유로, 고통을 즐거움으로, 실패를 성공으로 바꾸는 것도 가능한 것이다

인간은 참으로 불가사의하다. 아무리 어려운 때에도 훌륭한 일을 해낼 수 있는 것이다.

과거의 실패는 이제부터의 일에는 전혀 관계없는 것이다.

지금 아무것도 하고 있지 않다고 해도 그것이 문제가 되는 것은 아니다. 당신 주위 사람들이 어떻게 생각하던, 뭐라 말하던 신경 쓸 것 없다.

지금까지의 실패를 신경 쓰는 것은 그만 두자.

모든 것은 당신이 '지금부터 어떻게 하는가'하는 것에 달려 있다. **실패는 언제까지나 실패인 채로 있어야 한다는 법은 없다.**

당신은 결코 동물 따위가 아니다. 훌륭한 인간이다. 당신에게는 자기가 마음먹은 대로 할 수 있는 힘이 있는 것이다.

좀 더 자기 자신에 깊이 파고들어 곰곰이 생각해 보자. 현상태를 바꾸고 싶다면 완전한 모습으로 일순간에 변할 수 있도록 해보자. <u>사람은 방법만 알면 원하는 대로 자신을 바꿀 수 있는 훌륭한 생물이다.</u>

자기를 에워싸고 있는 주위의 상태를 바꾸기 위해서는 먼저 자기 자신을 바꾸지 않으면 안 된다.

더운 여름이 있는가 하면 추운 겨울도 온다. 만조와 간조가 있다. 해가 뜨고 진다. 기분이 좋은 때도 있고 나쁠 때도 있다.

일이 잘될 때가 있는가 하면 잘되지 않을 때도 있다. 마찬가지로 <u>찬스와 실망도 언제나 함께 다가온다.</u>

실망을 어떻게 해서 찬스로 바꿀 것인가? **그것은 당신이 당신 자신을 바꿈으로서 가능해진다.**

그럼 자신을 바꾼다는 것은 어떤 것일까? 그것은 바로 당신 자신의 삶의 방식을 컨트롤할 수 있는 힘을 자신의 내부에서 찾아내는 일이다.

그렇게 되면 어떠한 일이 일어나도 어떻게 대처하면 좋을지를 명확하게 아는 사람으로 당신은 되어지는 것이다.

당신의 삶의 방식을 컨트롤하는 힘이야말로 인격의 힘, 즉 인간적 매력이며 성공하는 인간관계의 기초가 되는 것이다. 이 인격의 힘을 가지게 되면 사물에 대한 사고, 대처하는 기술이 향상된다.

당신이 되고자 하는 인간적 매력이 넘치는 인물에게는 몇 가지 공통된 특성이 있다.

적극적이며 탐구심이 왕성하다. 분명한 의견을 갖고 있으며 자신이 바라는 삶의 방식을 실현하기 위한 진취적인 계획도 가지고 있다. 이러한 특성은 누구라도 몸에 익힐 수 있는 것이다.

여기서 스스로에게 물어 보는 것이 좋다. 당신은 이러한 힘을 몸에 익히기 위한 노력을 할 수 있는가? **보다 나은 미래를**

실현하기 위해 전력투구할 수 있겠는가?

만약 그에 대한 답이 "**YES**"라면 당신이 희망하는 멋진 삶의 방식이란 어떤 것인지 지금 당장 분명하게 검토해라. 그리고 그것을 실현하기 위한 행동을 지금 즉시 실행에 옮겨라.

당신을 바꾸는 방법 1-읽고 듣고 관찰하라

인간적 매력을 지닌 인물의 특성을 익히기 위해선 다음의 3가지를 생각 할 수 있다.

우선 첫째, 항상 자기 주위를 의식하고, 배려하며 마음을 써주는 일이다. 아침에 일어남과 동시에 자기의 정신력을 최대한으로 회전시킨다. 오늘은 날씨가 맑을까 ?비가 올까? 더울까? 추울까? 우선 그런 것들을 확실하게 느낄 수 있게 되도록 노력한다.

대단히 간단한 일 같지만 이러한 능력을 높이기 위해서는 언제나 의식적으로 노력하지 않으면 안 된다.

자신의 약점, 특별한 재능, 강점, 뛰어난 점 등도 확실하게 알아둘 일이다.

이러한 당신의 특성들이 당신의 인격을 키워가는 기초가 되기 때문에 스스로 잘 알고 있지 않으면 안 된다. 이렇게 자신의 주위를 충분히 의식하면 당신의 인생은 아이들같이 엑사이트하게 된다.

아이들의 엑사이트는 훌륭하다. 한번 엑사이트하게 되면 어두울 때부터 일어나 활동하기 시작한다. 이러한 엑사이트

함에는 다른 어떤 힘도 당해 낼 수 없다. '그런 어린애 같은 일'이라고 말할 사람도 있지만, 그래서는 안 된다. 엑사이트해야 하는 것이다.

둘째는 보다 멋진 삶의 방식을 잘 배워야 한다는 것이다.

자신이 할 수 있는 것 같은 일이나 원하는 것을 어떻게 하면 손에 넣을 수 있을지 생각해 보자.

이것을 배우는 방법에는 3가지가 있다.

<u>첫째 읽을 것, 둘째 들을 것, 셋째 관찰할 것이다.</u>

우선 책을 많이 읽어야 한다. 성공자 모두는 노력을 해서 책을 읽는다. 지식욕이 왕성함으로 책을 읽는 것이다.

결단력을 키우는 방법, 인격을 키우는 방법, 마음가짐을 향상시키는 방법, 지도력을 발휘하는 방법 등에 대하여 쓰여 있는 책들이 대단히 많다. 하지만 이러한 책들의 존재조차 알고 있지 못한 사람들 역시 의외로 많다.

당신이 인생을 바꾸고 싶다면 책을 읽고, 배우지 않으면 안 된다. 많은 성공자가 당신을 위해 성공의 비결을 책으로 써놓았다. 어째서 책으로부터 성공의 비결을 배우려 하지 않는가?

또, 변명을 할 셈인가?

"바빠, 일 때문에 피곤해, 도저히 책을 읽을 기분이 안 나고 또 그럴 시간도 없어, 이제 쉬지 않으면 내일이 큰일이야."

누구나 밤을 새우면서까지 독서를 하라고 하는 것은 아니다. 아주 조금만 시간을 할애하면 되는 것이다. 그런데 매사에 바쁘다고 자신을 속이는 사람들을 보노라면 월수입이 고작 해야 100만원으로 매월 할부금을 갚기에도 바쁜 실정이다.

제아무리 열심히 일하는 사람이라도 책을 읽지 않으면 그 이상의 인간으로 성장하는 것은 불가능하다. 인생을 바꾸는 데는 매일 30분의 독서가 필요하다고 성공자는 말한다. 도전적이고 적극적이며 당신을 정신적으로 향상시켜 줄 수 있는 내용의 책을 읽어라. 하루 20분, 30분이면 된다. 중요한 것은 매일 매일 읽는 것이다.

밥 먹는 것은 잊는다 해도 하루 30분의 독서는 잊어서는 안 된다.

30분은 당신의 하루 24시간 중에 단 2%이다. 어떠한 일이 있어도 이 시간을 확보하지 않으면 안 된다. 돈이나 물건은 강도를 만나 잃어버릴 수도 있다. 하지만 책을 통해 배운 지식은 누구도 빼앗아 갈 수 없다.

당신은 하루 30분의 독서를 매일 함으로써 '당신의 인생을 어떻게 바꾸느냐' 하는 힌트를 얻을 수 있게 된다. 따라서 어떠한 일이 있더라도 매일 매일 30분, 독서를 위한 시간을 확보해야 한다. 이것을 할 수 있다면 당신의 성공은 목전에 와 있는 것이나 다름없다.

<u>둘째는 성공한 다른 사람의 말에 귀를 기울이는 것</u>이 중요하다. 성공자들을 접했을 때 능숙한 청취자가 되어 그들이 하는 말에 귀를 기울이는 것이다. 가난한 사람이야말로 부자의 이야기를 들어야 한다.

주식 투자의 최고수인 '오마하의 현인', '투자의 귀재'로 불

리는 워렌 버핏과의 식사시간이 경매에서 얼마에 낙찰되는지 아는가?

전 세계를 대상으로 1년에 한 번씩 경매를 통해 판매되고 있는 워렌 버핏과의 저녁식사비는 2011년 기준으로 무려 262만 6,411달러! 한국 돈으로는 약 28억 원이라고 한다.

그 정도의 사람은 아니어도 주변에서 성공한 사람을 찾아 그 사람을 고급 레스토랑에라도 초대하여 풀코스로 대접하면서, 몇 시간이고 자리를 같이 하라. 식사를 하며 여러 가지 질문을 하고 이야기를 듣는다. 중요한 것은, 질문에 대한 답을 잘 듣고 노트에 적는 것이다.

성공자를 식사에 초대해 2시간 정도 이야기를 듣는다면 그 사이에 당신의 인생을 바꿀 수 있는 몇 가지 힌트를 잡을 수 있을 것이다. 이것만으로도 당신의 수입이 2배나 3배로 늘어날 수 있게 될지도 모른다.

그런데 이렇게 말하는 사람이 있다.

"부자는 부자가 초대하면 될 일이다, 난 돈이 없다, 부자의 그런 식사비까지 낼 수 있을 리가 없지 않느냐."

<u>이런 말을 하는 사람은 일생을 노예처럼 일해도 변함없이 가난뱅이다.</u> 그 사람이 나름 열심히 일하는 사람인지는 몰라도 성공자의 이야기에 귀를 기울이지 않기 때문에 결코 나아질 수 없다. **현대 사회는 성공을 향한 시스템이 많이 있다.** 그곳에 동참하여 귀를 기울이면 된다.

성공자들의 이야기야말로 지금의 당신에게는 캄캄한 밤바

다의 등댓불이 될 수 있는 것이다.

<u>셋째로는 관찰하는 것</u>이다.

당신은 날카로운 관찰자가 될 필요가 있다. 성공자의 이야기뿐만 아니라 그 사람의 태도, 행동, 악수하는 법, 사람과 접하는 방법 등, 성공자가 어떻게 행하는가를 관찰하는 것이다.

예를 들어 단순히 걷는 모습이라도 좋으니까, 관찰하고 흉내 내는 것이다. 다른 사람이 비웃어도 상관없다. 걷는 방법만이라도 몸에 익혀 두는 것이다. 그러다 보면 자연스럽게 성공자들의 생각도 닮게 되는 것이다.

관찰하는 데는 2가지 방법이 있다. 우선 눈으로 보는 것이다. 보이는 모든 것을 분석하고 생각하라.

성공한 사람들이 쓴 책이나 말, 태도, 행동 중에서 당신이 원하는 성공의 해답을 찾아내는 것이다. 자신의 모든 신경을 총동원해 성공자의 방법을 흡수해야만 한다. 그것이 포인트다.

또 한 가지, 관찰하는 방법은 **마음으로 보는 것이다.** 눈으로 보는 것은 누구라도 할 수 있다. 하지만 정말로 중요한 것은 바로 마음으로 보는 것이다. 마음으로 보면 안목 지능을 얻게 된다.

이것을 할 수 있는 사람은 상당히 적다. 하지만 마음으로 볼 수 있는 사람이야말로 장래를 볼 줄 아는 사람이며 인생의 문제에 대한 해답을 찾아 낼 수 있는 사람이다. 따라서 눈으로 보는 것과 동시에 마음으로 보는 것도 몸에 익히지 않으면 안 된다.

당신을 바꾸는 방법 2 -질문하라

모르면 질문하라. 궁금하면 질문하라.

중요한 것은, 질문하기 위해서는 질문을 찾아내는 방법을 몸에 익혀야 한다는 점이다.

적절한 질문을 하지 못한다면 어떻게 해서 당신의 욕구를 채울 수 있겠는가?

많은 사람들이 성공하지 못하는 것은 찬스가 없기 때문이 아니라 그 사람의 탐구심이 왕성하지 못하기 때문이다. 탐구심은 궁금함이다. 궁금하지 않기 때문에 질문하지 않는다. 따라서 **관심이 없으면 찬스가 와도 바라만 보게 될 뿐이다.**

어린아이를 보라. 어린아이는 세상의 모든 것이 궁금하다. 그래서 모든 것에 질문을 해댄다. 하나를 대답하면 다시 한가지의 의문을 찾아내 질문해 온다. 어른들이 곤란스럽도록 말이다.

그런 어린아이와도 같이 당신도 호기심을 불태워야 한다. 당신도 항상 끊임없이 구하기를 계속해야만 한다. 커다란 성공을 손에 넣기 위해서는 어린아이와 같은 호기심으로 구(求)하기를 계속해야만 하는 것이다.

찬스란 것은 스스로 구하지 않으면 안 된다. 호기심을 불태우고 지식욕을 나타내야 한다.

무엇을 구하는데 있어서도 어린아이처럼 진지하게 구하라.

어른들은 왠지 느슨한 행동을 취하곤 한다. 의심이 많은 것이다. 어른은 잘될지 안 될지를 보여주지 않으면 쉽게 믿으려 들지 않는다. 그래서 어른들은 일생 원하는 물건을 손에 넣지 못하는 지도 모른다.

어린아이는 원하는 것이 있을 때 그것을 손에 넣을 때까지 **어떠한 일이 있어도 '포기하지 않는다'**라는 사실을 알고 있는가. 어린아이는 아직 세상을 모르기 때문에 어떠한 일도 가능하다고 믿는다. 그래서 어떠한 일에도 의심하는 법 없이 곧바로 행동한다.

이 차이를 잘 생각해 보면 어린아이와도 같은 자세가 아니면 찬스를 붙잡을 수 없는 것은, 어쩌면 당연한 일이다. 어린아이처럼 솔직하게 믿지 않으면 성공한 이의 이야기를 들었다고 해도 그것을 행동으로 옮길 수 없는 것이다.

당신을 바꾸는 방법 3 -행동하라

책을 읽고 남의 말에 귀를 기울이고 관찰함으로써 당신의 장래에 대한 생각이 정리되면 다음은 그것을 행동에 옮겨야 한다.

자신이 얻은 지식을 실행에 옮겨라. 행동하지 않으면 배움은, 지식은, 계획은 단순히 휴지 조각일 뿐이다.

이 프로그램의 각 장이 당신의 수입액수를 변화시키는 것은 아니다. 각 장에 쓰인 **비결 속의 진리에 불을 붙이는 것은 당신의 행동이다.**

그런 행동이 있어야만 비로소 이 코스가 효과를 발휘하여 꿈이나 목표를 실현 할 수 있게 되는 것이다.

즉시 행동을 시작해라. 해야 할지 말아야 할지 망설이고 있으면 불안해지고 뒤로 미루게 된다. 그렇게 되면 반드시 소극적으로 되고 만다. 그러니까 즉시 행동하라.

오늘이라는 날은 두 번 다시 돌아오지 않는다.

따라서 오늘 할 일을 내일로 미루어서는 안 된다. 내일 하겠다는 것은 하겠다는 의지가 없다는 뜻이다.

다시 말하면 의지가 약한 사람, 즉 패배자가 하는 말인 것이다. 내일까지 기다려서는 안 된다. 하려고 하는 날이 길일이라 하지 않은가? 바로 오늘이 당신의 인생에 성공을 가져다줄 선택된 길일(吉日)인 것이다.

불안해 하고 있을 때가 아니다. 절대로 겁쟁이가 되어서는 안 된다.

움직여라! 바로 움직여라! 무슨 일이 있든 간에 계속해서 움직이는 것이다. 행동만이 자신의 가치를 정한다.

2배로 행동하면 자신의 가치도 2배가 된다. 약한 소리를 하는 인간은 한 집밖에 갈 수 없는 것을 당신은 열 집은 방문해야 한다. 점점 더 많이 움직여 보는 것이다. 크게 행동하는 것이다. 하여튼 미친 듯이 움직여라.

아이디어를 3~4백 가지나 얻을 때까지 기다려서는 성공할 가능성은 없다. 서너 가지의 아이디어를 얻으면 그 즉시 행동에 옮겨보여야 한다.

배운 것은 단순한 지식이다. 머리에 들어 있는 것만으로는 아무 것도 해낼 수 없다. 그것을 응용하고 행동에 옮겨야만 비로소 성공자가 될 수 있는 것이다.

비즈니스, 금융, 경제정책 등에 가장 해박한 지식을 갖고 있는 경제학자나 대학교수 중에 부자는 극히 적다.

이것은 지식이 많다고 해서 큰 부자가 되는 것이 아니라 그 지식을 얼마만큼 활용하고 행동에 옮기는가에 따라 부자가 되는 것이기 때문이다.

아무튼 이유를 달지 말고 행동으로 옮겨야 한다. 그러면 당신의 사고방식이 좋아지며 적극적인 인간으로 되어 간다.

당신을 바꾸는 방법 4 -명예를 지켜라

사람들로부터 신뢰 받고 존경 받을 수 있는 인격을 몸에 익히기 위해 중요한 사실이 한 가지 더 있다.

그것은 명예다. 명예야말로 성공으로의 근본원리이며, 이 명예라는 기반 위에서 구체적인 사고방식이나 행동이 생겨난다.

명예를 중시하는 사람들은 불명예스러운 사람들과 함께 행동하는 따위의 일은 결코 없다. 명예를 중시하는 사람은 어떠한 일에도 두려워하는 법도 화내는 일도 없다. 명예는 신념의 일부이기 때문이다.

당신은 명예를 중시하는 성격인가? 아니면 그렇지 않은가?

이것은 어느 한쪽이지 중간은 있을 수 없다. 정말로 명예에

반(反)하지 않도록 행동하리라 굳게 결심하면 당신의 행동은 훌륭하게 된다.

대성공이 당신의 목표라면 반드시 이러한 결의를 할 필요가 있다. 힘이나 명예는 타고 나는 것이 아니다. 의식적으로 노력하여 몸에 익히는 것이다.

명예로운 인간이 되기 위해서는 자신이 중요하다고 믿는 것을 항상 자부심을 가지고 행동에 옮겨야 한다.

자신이 중요하다고 생각하는 일, 하지 않으면 안 되는 일, 그리고 자신에게 명예롭다고 생각되는 일은 항상 유지시켜 나가야할 가치가 있다는 사실을 깨닫지 않으면 안 된다.

무엇을 할 때도 자신에게 이야기 한다. "난 할 수 있어. 해내겠어. 명예를 걸고!"라고.

<u>자신의 명예를 위해서는 자신과 가족을 위해 좀 더 행복한 생활을 창출하겠다고 결심하지 않으면 안 된다.</u> 자신을 추락시키지 않기 위해서도 명예와 자부심을 높일 수 있도록 항상 노력하라.

당신의 인생을 보다 풍요롭게 하는 것은 당신 자신이다.

당신을 바꾸는 방법 5 -보통사람 이상의 인간이 되어라

마지막으로 강조하고 싶은 부분이 있다.

보통사람 이상의 수입을 실현하고 싶다면 보통사람 이상으로 생각하고, 보통사람 이상의 인간이 되도록 노력하라.

성공하고 싶다고 말하면서도 악수조차 제대로 하지 못하

는 사람이 많다.

우선 평범한 사람 이상의 악수를 하라.

평범한 사람 이상의 웃는 얼굴을 몸에 익혀라.

평범한 사람 이상의 일하는 방식을 몸에 익혀라.

보통 사람의 이상으로 주위 사람에게 관심을 갖고, 자신에 대해서도 일에 대해서도 좀 더 엄해져라.

다시 한 번 말하자면 보통사람 이상의 인간이 되어라. 이렇게 된다면 보통사람 이상의 수입, 행복이 당신의 것이 된다. 같은 조건에서 일해도 월수 100만원인 사람이 있는가 하면 월수 1,000만원인 사람도 있다.

어째서 이런 차이가 있는 것일까?

같은 제품을 취급하고 같은 세일즈 훈련을 받아 같은 상사 밑에서 일해도 어째서 이렇게 틀려지는 걸까? 차이는 외부 조건에 있는 것이 아니라 당신 자신에게 있는 것이다.

사태를 발전시키는 힘은 당신 자신이다.

사람들로부터 존경받는 인간이 되기 위한 인격은 관찰, 생각, 결단, 행동 이런 것들로 키워져 가는 것이다.

사람들을 끌어당기는 인격이 결심하는 법, 악수하는 법 등 모든 것을 바꾼다. 그리고 그 힘은 타인에 대한 배려, 마음씀씀이가 되어 나타난다.

이러한 적극적인 감정이나 행동의 기반은 모두 당신 자신에게서 출발한다.

당신의 인격을 높이기 위한 노력을 하루라도 걸러서는 안 된다. 자기 자신을 신경 써서 잘 지켜보라.

어떤 식으로 바뀌고 있는가? 어떤 부분이 향상 되고 있는가? 자기 자신을 잘 확인하는 것이다.

과거에는 사람들 앞에서 말도 하지 못했던 내성적인 사람이 지금은 누구와도 잘 이야기 할 수 있게 되는 그런 경우가 있다.

이러한 사람은 인간적 성장을 해낸 사람으로 진보하고 있다는 증거이다. 이렇게 되기 위해서는 언제나 의식적으로 노력하는 자세가 필요하다. 노력하지 않으면 안 된다.

<u>매일, 매일, 자신의 인격을 높여가기 위한 노력을 의식적으로 쌓아 가라. 이 방법을 몸에 익혀 행동에 옮겨야 한다.</u>

이제 당신은 인생의 방향을 정해라.

무엇을 원하는지 확실하게 정하여 그것을 달성하기 위한 계획을 만들고 즉시 실행하는 것이다. 그러면 당신은 점점 향상해 가는 것을 알게 될 것이며 행복하게 될 것이다.

그리고 당신의 인생은 훌륭하게 바뀌어 힘차게 전진하여 가기 시작할 것이다. 인간의 매력은 외형적으로 나타나는 것보다 내면으로부터 나타나는 인격의 형성체임을 알기 바란다.

우리 마음속에는 아주 안 좋은 습관이 있다. 인정을 미리 추측 하는 습관이다.

예를 든다면 그 사람은 안 돼. 돈이 없어. 시간이 없어. 성

격이 나빠 등등이다. 이러한 변명은 자신을 바꾸는 인격형성
과 성공에 전혀 도움이 안 된다.

〈복습〉

인격의 힘을 키워라

핑계 대지 마라

당신을 바꿔라

　　당신을 바꾸는 방법 1 -읽고 듣고 관찰하라

　　당신을 바꾸는 방법 2 -질문하라

　　당신을 바꾸는 방법 3 -행동하라

　　당신을 바꾸는 방법 4 -명예를 지켜라

　　당신을 바꾸는 방법 5 -보통사람 이상의 인간이 되어라

제 5장 : 성공(成功)하는 사고(思考)방식

시간이라고 하는 것은 지나쳐 가고 또 사라져 버리는 것이다.

시간에 대해서는 몇 가지 중요한 점이 있다. 그것은 시간을 재는 방법이다. 시간을 잴 때에는 2가지 방법이 있다.

하나는 당신이 경험해온 일을 횟수로 재는 방법이고 다른 한 가지는 그 경험의 깊이를 재는 방법이다.

예를 들면 A는 일생동안 경험을 쌓았고 B는 일생동안 그 배의 인생을 보낸 셈이 되어 그만큼 오래 산 것과 마찬가지인 셈이 된다.

평범한 사람이 일생동안 경험할 수 있는 일에는 한계가 있다. '10년간 직장 생활을 했다', '10년 동안 장사를 했다'라고들 하는데 그것은 **단지 같은 경험을 10년 반복한 것에 지나지 않는다.**

이래서는 아무런 변화도 없었던 인생이 되고 그 사람 자신도 향상된 것이 없는 평범한 인간이 되어버린다.

인간은 여러 가지 경험을 할 필요가 있으며 자신의 과거 경험에 비추어 사물을 판단 할 수 있다. <u>과거의 경험이라고 하는 것은 중요하지만 자신의 경험에만 의존해서 사물을 판단하는 것은 하잘 것 없는 사람이 하는 짓이다.</u>

인생을 보다 풍요롭게 하기 위한 여러 가지 결정을 할 수 있는 수많은 경험을 혼자서 다 갖는다는 것은 불가능하다.

자신의 과거의 경험에만 의존하는 사람들은 시야가 좁아져 보통사람 이하의 인생밖에 보낼 수 없는 정말로 불쌍한 사람들이다. 설령 결혼을 했다 하더라도 먹고 사는 것이 고작으로 항상 돈에 대해 걱정하고만 있다가 실패자로 인생을 마치게 된다. 당신이 이런 상태에 만족하고 있다면 그것은 커다란 잘못이다. 따라서 당신의 인생이 고통의 연속으로 끝날지 즐겁고 보람 있는 인생일런지 신중하게 생각해 보지 않으면 안 된다.

우리 주위의 많은 사람들이 실패를 두려워해 장래에 눈을 돌리려 하지 않는다.

현재나 과거의 생활에서 실패를 한 사람이 있는 것은 당연하다. 그리고 실패 그 자체는 조금도 창피한 일이 아니다. 결심이 잘못되었던 것 자체는 창피한 일이 아닌 것이다.

완벽한 인간이란 없다. 인간이란 한, 두 번쯤은 실수가 있을 수 있다. 가장 창피한 일은 **실패의 책임을 자신에게 묻지 않고**

타인의 탓으로 돌리는 것이다. 이것은 인간으로서 가장 수치스러워 해야 할 일이다. "내가 실수한 것이다. 하지만 같은 실수를 두 번 반복하지 않겠다."라고 자신에게 말할 수 있는 용기를 가질 필요가 있다.

자신의 실패를 인정하고 나면 실패한 사실에 대해 후회하지 말고 사태를 어떻게 해결해야 할지 진취적인 사고를 취해야 한다. 이미 지난 일은 어쩔 수 없는 것이다.

전력을 다해 해결책을 찾아내야 한다. 이것은 이 코스 중에서도 가장 중요한 것 중에 하나이다. 과거에 집착하지 않고 정신을 장래에 집중해 전진해 나가는 것이 중요하다. 당신의 일상생활 속에서 정말로 가치 있는 경험을 늘려 가도록 마음속으로 다짐해야만 한다.

그리고 진취적으로 살아가도록 노력하라. 그렇게 하기 위해 적극적인 사고방식을 몸에 익히는 것이 중요하다.

<u>인간은 그 사람의 사고방식에 의해 모든 것이 정해지게 되므로 올바른 사고방식을 갖는다는 것은 대단히 중요하다.</u>

그 사람의 사고방식에 따라, 어떤 말투를 할 것인가? 어떤 태도를 취할 것인가? 악수 하는 법, 걷는 법, 표정 등 모든 것이 바뀌게 된다.

인간의 모습은 그 사람이 갖고 있는 사고방식에 의해 만들어지게 됨으로 항상 어떤 사고방식을 갖고 있는 지가 중요하다. 때문에 중요한 것은 적극적, 건설적인 사고방식을 연마하여 신중하게 선택하는 사고방식을 길러야 한다.

이러한 사고방식이 언제나 가능 할 수 있도록 당신의 정신을 바르게 인도하여 의식적으로 훈련을 지속해 나가라.

당신이 갖고 있는 사고방식과 그것에 의해 만들어진 인생의 관계를 영화 필름과 영상에 비유해 보자.

사람에 따라 비추어 지는 영상은 제각각이다. 보기 좋지 않은 흠집이 있는 영상이 있는가 하면 깨끗한 영상도 있다. 말하자면 인간의 마음은 영사기이며, 그 영사기에서 비추어 진 것은 인생이라고 하는 영상이다.

다시 말하면 **마음의 영사기**에 당신의 사고방식이라고 하는 필름을 넣어서 그곳에서 나와 비추어지는 것이 당신의 인생이라고 하는 영상인 것이다.

당신은 어떤 필름을 이 영사기에 넣겠는가? 두 가지 경우가 있다.

하나는 흠집이 있는 필름이다. 이것은 말하자면 인생에 대해 소극적인 사고방식이다. 다른 하나는 깨끗한 필름이다. 즉 인생에 대해 적극적인 사고방식이다. 누구나 자신의 사고방식으로 이 두 가지 중에 하나의 필름을 고를 수 있다.

흠집이 있는 필름을 선택해서 소극적인 사고방식을 몸에 익힐 수도 있고, 깨끗한 필름을 선택해서 적극적인 사고방식을 몸에 익히는 것도 가능하다.

당신은 어떤 인생의 영상을 비추고 싶은가? 남들에게 어떠한 인물로 보이고 싶으며 어떠한 행동을 하고 싶은가? 어느 정도의 수입을 얻어서 어느 정도의 생활을 하고 싶은가?

이러한 생각을 통해 당신이 희망하는 인생을 명확하게 하는 것이 중요하다. 그러므로써 항상 자신이 희망하는 인생에 따라 구체적으로 당신의 생각을 넓혀갈 수 있게 된다.

가난한 생활을 보내는 일은 아주 쉽다. <u>많은 사람들은 소극적인 사고방식을 무의식중에 몸에 익혀간다.</u>

조금이라도 필름에 흠집이 생기면 그 흠집 때문에 필름은 영사기에 말려들던지 잘려 나가던지 해서 전부가 쓸모없이 되어버리고 만다.

아주 조금의 나쁜 점 때문에 모든 것이 망쳐지는 경우이다. 이런 예는 우리 주변에 아주 많다. 예를 들어 어떤 고급차에 제아무리 양질의 오일을 써도, 또 제아무리 비싼 가솔린을 쓴다 해도 아주 조금이라도 연료 탱크의 가솔린에 모래가 들어간다면 그 고급차는 망가지고 만다.

당신의 인생도 마찬 가지이다. 따라서 자신의 인생에 어떤 필름을 넣을 것인지 제대로 선택하지 않으면 안 된다.

집어넣는 물건이 틀리면 결과도 틀려진다. 아주 조금이라도 소극적인 사고방식을 인생에 넣게 되면 성공할 확률은 심하게 낮아진다. **부정적 사고방식과 긍정적 사고방식……**.

집어넣는 물건에 따라서 욕망을 잃게 하는 것, 결심을 꺾게 만드는 것, 의욕을 상실하게 만드는 것은 여러 가지가 있다.

커피에 청산가리를 아주 조금만 넣어도 인간은 죽는다. 설탕이나 밀크는 아무리 많이 넣어도 괜찮지만 청산가리는 아주 조금만 넣어도 목숨을 잃게 된다. 즉, 문제는 넣는 것의 양

(量)이 아니라 질(質)인 것이다.

만약 당신의 적이 커피에 설탕을 넣는다 해도 문제는 없다. 하지만 당신의 아주 친한 친구가 실수로 청산가리를 조금이라도 넣으면 당신은 죽게 된다.

누가 넣었느냐, 어떤 이유로 넣었느냐는 문제가 아니다. 어떻든 간에 나쁜 재료가 조금이라도 들어가면 당신의 인생은 결정적인 큰 타격을 입게 되는 것이다. 따라서 언제나 진취적이고 적극적인 사고방식을 취할 수 있도록 하는 것이 중요하다. 하지만 이런 일을 마음먹고 실행하는 이는 적다.

우선 아침에 회사에 가서 어제의 실패담을 커피까지 마셔가며 자랑스럽게 이야기하기 시작하는 사람이 당신의 직장에도 있을 것이다.

이런 당신의 친구는 아침부터 당신의 머릿속에 마이너스적인 사고방식을 집어넣는 것과 같다. 그리고 더 큰 문제는 당신도 열심히 그 마이너스 사고방식을 머릿속에 집어넣고 맞장구를 치며결국 자신의 실패담마저 이야기하기 시작한다는 사실이다.

하루를 시작하는 아침의 중요한 시간을 쓸데없는 이야기와 잡담으로 보내고 있는 것이다.

쓸데없는 이야기를 하고 싶어 하는 것은 인간의 본능이다. 이러한 사람은 올바른 사고방식의 습관이 몸에 배어 있지 않은 사람으로 정신 수양이 되어 있지 않은 사람이다.

마이너스적 사고방식의 단점

마이너스 사고방식 밖에 할 수 없는 습관을 가지고 있다는 사실에는 두 가지 단점이 있다.

첫째로는 시간낭비이다. 그리고 둘째로는 성공할 마음이 없다는 것이다. 이래서는 성공할 리가 없다. 그럼, 과연 어떻게 하면 올바른 사고방식의 습관을 몸에 익힐 수 있을까?

우선 첫째로 마이너스적인 사고방식을 받아들이지 않는 것이다. 독(毒)이라는 이름표가 붙어 있는 커피는 누구도 절대로 마시지 않는다. 당신의 연인이 그것을 가져왔다고 해도 당신은 그것을 마실 리가 없다. 즉 누가 당신에게 독을 먹이려 하는가는 문제가 되지 않는다.

<u>그 일이 당신에게 마이너스적인가? 부정적인가?</u> 이 것을 판단해야 한다. 그리고 그것을 절대 받아 들여서는 안 된다. 거부를 하던지 서둘러 그 장소를 떠나던지 해야 한다.

가능한 정중하게 상대하는 편이 좋으나 결코 유혹에 빠져서는 안 된다. 억지로라도 그 자리를 떠나는 것이 중요하다.

다시 말하지만 마이너스적인 이야기에 동참해서는 안 된다. 마이너스적인 사고방식을 피하는 가장 좋은 방법은 우선 당신이 마이너스적인 이야기를 하지 않는 것이다.

아침에 일을 시작하기 전에 신문을 읽는 사람이 대단히 많다. 신문을 읽는 것은 좋은 일이다. 하지만 신문기사 중에는 살인 사고, 화재, 지진, 내란, 전쟁, 등 읽는 사람에게 마이너스적인 영향을 주는 것이 많다.

이러한 기사들로 머릿속이 가득 찬 상태로 하루를 시작한다면, 일을 할 마음이 들지 않으며 일인들 제대로 될 리가 없다. 따라서 아침에 읽는 읽을거리에는 충분히 주의해야만 한다. 하루의 시작은 적극적으로 시작하지 않으면 안 된다.

그렇게 함으로써 수입을 늘릴 수 있을 정도의 가치 있는 일도 할 수 있게 된다.

인간의 사고방식은 그 사람이 읽는 책에 영향을 받는 일이 많다. 따라서 쓸데없는 책을 읽어서 시간을 낭비해서는 안 된다. 당신의 주위에 있는 마이너스적이거나 부정적인 쓰레기들은 일소하도록 노력하라.

마이너스적인 인물, 마이너스적인 환경, 마이너스적인 사고방식 이런 것들은 모두 거부하라.

당신의 사고방식을 남들이 정해서는 안 된다.

자신이 정하라. 남들은 당신이 원하고 있는 보다 좋은 인생을 이해 할 수 없다. 우선 첫째로 해야 할 일은 부정적, 소극적인 일을 머릿속으로부터 말끔히 몰아내고 두 번째로 적극적인 것을 많이 받아들여라.

항상 당신의 마음에 적극성이 높은 것들이 보내어 지도록 의식적으로 노력해야 한다. 읽을거리, 볼거리, 들을거리, 생각거리, 이야기거리 등의 모든 것으로부터 적극성 있는 것을 스스로 구하는 일이 의식하지 않아도 될 수 있도록 습관을 들여라.

플러스적 사고방식의 장점

어째서 적극성 있는 물건을 구하는 일이 중요한 것일까? 이유는 두 가지다.

첫째로는 그렇게 함으로써 사람의 선의나 좋은 점이 보이게 된다. 그렇게 되면 어렵던 상대와의 관계도 호전되며 장래가 밝아진다. **둘째로는 자신의 부를 늘릴 수 있게 된다.**

놀랍게도 이러한 습관만으로도 자기 자신에게 강한 성격이 키워져 풍요로운 장래가 실현 가능하게 된다. 따라서 이제부터 진취적인 사고방식이 몸에 익혀질 수 있도록 항상 노력하라. 그렇게 하면 자신도 놀랄 정도로 인생이 호전되어질 것이다.

보통 사람이 1개월 또는 2개월이 걸릴 일을 단 1주일 만에 해내는 사람이 있다.

그런 사람은 항상 전진하는 본능을 가지고 있는 사람이다. 즉 계획성 있고 시간을 유효하게 이용하며 효과적으로 노력하는 것과 올바른 사고방식을 습관으로써 몸에 익히고 있다.

이러한 것은 당신도 할 수 있는 것이다.

아침에 일어나는 그 순간부터 적극적으로 시작 할 수 있게 되도록 해야 한다. **언제나 오늘 할일의 우선순위를 정해라.**

얼굴을 씻고 이를 닦으면서도 생각하는 것이다. 잠꼬대 할 시간 따위는 없다. 아침 식사를 마치고 밖으로 나갈 때에는 이미 그날의 계획이 세워져 있어야 한다.

그리고 그 **계획대로 행동해 가는 것이다. 가기로 정한 목적**

지는 반드시 가야 한다. 사무실에서 회의예정이 있다면 그것도 즉시 실행해야 한다. 점심식사 후에도 긴장을 풀지 말고 메모장을 체크해서 오후 계획을 실행하라. 그렇게 현재부터 한 시간의 계획을 구체적으로 하면 2시간 또는 5시간의 계획도 할 수 있다.

그것을 실행함으로써 하루의 계획, 이틀간의 계획, 1주일 계획도 할 수 있게 된다. 그리고 1개월, 1년, 3년, 5년, 10년의 계획이 세워지게 된다.

계획을 세우고 실행한다. 피곤해지면 다른 일로 전환한다. 이렇게 함으로써 정신은 한층 더 명쾌해지고 활발해진다.

이런 전환은 대단히 효과적이다. 하나의 목표에 모든 것을 집중 시키고 쓸데없는 일은 머릿속에서 떨쳐 버린다. 그것을 해냈으면 쉰다. 피곤해 지면 쉬고 바꿔서 다음 목표에 전력을 다 한다.

"이렇게 시끄러운 곳에서는 일을 할 수 없다."라는 사람이 있으나 일에 완전히 집중하면 쓸데없는 잡음은 저절로 사라진다. 이것이 중요한 열쇠다.

성공자들은 모든 정신을 집중시킬 수 있는 사람들이다. 물론 행동하기 전에 정신을 집중시키는 일은 심신을 모두 지치게 하는 일이다.

따라서 때로는 편안한 마음으로 있으면서 당신 마음의 배터리를 충전시키지 않으면 안 된다. 계획을 실행하기 시작했다면 때로는 멈춰보는 것도 중요하다.

하나의 목표가 아직 달성되지 않은 단계에서도 이미 지쳤다면 행동을 바꿀 필요가 있다. 일에 직접 관계없는 책을 읽어 본다던가 식사를 하러 교외 레스토랑으로 자리를 옮겨 외출해 보는 것이다. 그렇게 해서 기분전환이 되고 나면 다시 다음 단계로 돌진해 가는 것이다. 그렇게 함으로서 아무런 트러블 없이 일을 추진해 나갈 수 있게 된다.

그 결과 어느 순간 성장함으로써 지금까지보다 훨씬 큰일도 해낼 수 있을 것이다.

명심하라. 한정된 시간 속에 하지 않으면 안 되는 일에 자신을 완전히 불태워라. 그리고 하루가 끝나면 솔직하게 오늘 하루를 돌아보고 검토한다.

잘했었다고 생각되면 자기 자신에게 "훌륭하다."고 말하고, 잘하지 못했었다면 "넌 그래선 안 돼."라고 반성하자.

이렇게 할 수 있으면 목표달성의 방법을 보다 좋은 방향으로 할 수 있게 되어 자신이 해야 할 일에 자신을 가질 수 있게 된다.

성공자는 명확한 계획을 만들고, 올바른 사고방식을 몸에 익힘으로써 자신의 인생을 컨트롤하는 사람이다.

자신이 결정한 행동에 완전히 집중하므로 목표달성이 항상 가능한 것이다.

당신이 성공하고 싶다면 정신수양에 힘쓰지 않으면 안 된다.

오늘의 자신을 잘 반성해 봐야 한다.

엑사이트하고 있는가?

일은 완벽하게 하고 있는가?

필요한 수입은 얻었는가?

모두 희망한 대로의 결과를 내고 있는가?

만약 그렇지 않다면 당신은 더욱 정신수양에 힘써야 한다.

대부분의 사람들은 말보다도 실제 행동에 주목한다. 따라서 당신의 말과 행동이 일치하지 않으면 당신은 신용을 얻을 수 없다.

당신이 무엇을 생각하고 무엇을 하려 하는지는 눈에 나타난다. 자신의 감정을 능숙하게 표현 할 수 있도록 항상 노력하라.

당신의 감정이 사고방식을 좌우한다. 자신의 진짜 감정을 표현하는 일이 중요하다.

자신이 하고자 하는 것이 '좋은 일이 아니다'라고 느꼈을 때, 또는 그 일에 대해 자부심을 가지지 못할 때, 그런 감정을 속여서는 안 된다.

남에게 자신을 잘 보이려고 거짓으로 감정을 나타내서는 안 된다. 진짜 감정은 곧 들통 나기 때문이다. 명확하게 상대에게 자신의 의지를 전하기 위해서는 자신의 감정을 속여서는 안 된다.

<u>인간의 몸에서 가장 쓰이고 있지 않은 부분은 두뇌이다.</u> 이 두뇌를 올바른 사고방식에 의해 사용하면 누구라도 크게 인생을 호전 시킬 수 있다. 이러한 가능성을 갖고 있는 것은 인간뿐이다.

다시 강조하지만 **당신 마음의 습관을 올바르게 인도할 수 있는 것은 당신뿐이다.**

남들이 당신에게 여러 가지 말을 할 수 있지만 그들이 당신의 사고방식을 바꾸는 일은 불가능하다.

당신의 장래가 멋지게 될지 어떨지, 당신에게 올바른 사고방식의 습관이 몸에 밸지 어떨지, 모든 것이 당신 자신에게 달려 있다.

〈복습〉

마이너스적 사고방식의 단점은 무엇인가?

플러스적 사고방식의 장점은 무엇인가?

제6장 : 성공(成功)의 법칙(法則)

당신이 원하는 멋진 인생의 실현은 누구도 도와주지 않는다. 오로지 당신 자신의 노력으로 만들어야 한다.

그렇다면 멋진 인생을 실현하리라는 굳은 결심을 세울 수 있도록 자신을 바꾸기 위해서는 어떻게 하면 좋을 것인가?

특별한 법칙이 있어서 그것을 따라가기만 하면 꿈이 실현되는 것일까? 그렇다. 그런 법칙이 실제로 존재하고 있다.

그것은 바로 당신의 인생을 보다 풍요롭게 하는 "성공의 법칙"이다.

인간사회에 있는 성공의 법칙이란 어떤 것일까?

이 법칙은 인간의 역사 속에서 형성되어 온 것으로 근본적인 것으로, 극히 평범한 사람들도 이해할 수 있는 내용이다. 이 법칙에 의해 당신이 경제적 또는 정신적으로 성공할 수 있을지 없을지가 결정된다.

성공(成功)의 법칙(法則)을 배워야 하는 이유

또한 이 성공의 법칙은 두 가지의 이유 때문에 당신이 배워야 한다.

첫 번째 이유는 자기 자신을 지키기 위해서이다.

사물에 대해 올바르게 이해하지 못하고 있다는 것은 당신에게 있어 커다란 손실이다. 모른다는 사실은 어떤 상태이던지 당신에게 있어서 마이너스이다. 즉 그것은 빈곤, 실패의 원인이 되는 것이다.

이 "성공의 법칙"은 많은 사람들이 알고 있다. 혹여 당신이 "성공의 법칙"을 몰랐었다고 해도 아무도 당신을 봐주지 않는다. 그에 따른 결과로부터 도망칠 수도 없다. 따라서 당신은 자신을 보호하기 위해서라도 "성공의 법칙"을 알아 두지 않으면 안 된다.

"성공의 법칙"을 당신이 좋아하느냐, 그렇지 않으냐는 관계없다. 그것이 어떤 것인가를 잘 안 뒤에 거기에 따라 행동하지 않으면 안 된다. 이것은 논쟁의 여지가 없다. 당신이 뻔히 알고도 실패할 일을 하겠는가? 성공할 일을 하겠는가?

"성공의 법칙"을 알고 있지 않으면 안 되는 두 번째 이유는 당연히 당신이 이 법칙을 이용하기 위해서이다.

이번 장에서 배울 "성공의 법칙"을 유효하게 이용한다면 당신의 인생은 정신적, 물질적으로 확실히 풍요롭게 향상 되어

갈 것이다.

인생에는 플러스적인 면이 있는가 하면 마이너스적인 면도 있다. 하지만 만사를 평탄하게 전개시키고 싶다면 플러스적인 면만을 잡을 수 있도록 의식적으로 노력하고 행동해야 한다. 거기서 당신의 멋진 인생이 시작되는 것이다

그럼 "성공의 법칙"에 대해 자세히 배워 보도록 하자.

자연의 법칙 -원인과 결과의 법칙

이 "성공의 법칙"은 가장 기본적인 자연의 법칙, 즉 원인과 결과의 법칙에 따르는 것이다. 원인과 결과의 법칙이란, 자신이 제공한 것에 대해 반드시 거기에 걸맞은 것이 되돌아온다는 것이다.

이 법칙은 대단히 간단한 것 같지만 아무리 시대가 변한다 해도 불변하는 법칙이다. 이 원인과 결과의 법칙을 이해하고 몸에 익힌다면 부자가 되는 방법도 간단하게 찾을 수 있다.

이 원인과 결과의 법칙을 배우는 데는 두 가지 단계가 있다.

원인의 법칙

우선 첫 번째 단계는 어떠한 물건이라도 "사용하지 않았다."라는 원인에 대해서 필연적으로 일어나게 되는 결과가 "퇴화해 버린다." 또는 "없어져 버린다."라는 것을 아는 것이다.

항상 사용하는 것이 중요한 일이다. 이 일은 인간의 모든 능력에 대해 혹은 자연의 모든 일에 대해서도 해당되는 이야

기이다.

"사용하지 않는다."라는 원인에 대해 일어나는 결과로는 몸이 약해진다. 의욕이 엷어진다, 용기가 없어진다, 신념이 흔들린다, 감정이 사라진다, 지식이 줄어든다 등이 있다.

이래서야 성공은 절대로 할 수 없다. 당신이 에너지를 축척해서 내년까지 보존해 두겠다고 할 수는 없다. 그것은 오늘의 24시간을 내년에 '사용하겠다'라는 말과 마찬 가지다.

<u>오늘이라는 날을 '사용하지 않았다'라는 원인은 오늘이라는 날을 영원히 잃어버리는 결과를 초래한다.</u> 자신이 가지고 있는 것은 최대한 사용해야 한다. 또 자신이 갖고 있는 것을 적절하게 사용하고 있는지 항상 확인해야 한다.

자신의 능력, 체력, 신념, 용기, 모든 것을 언제나 최대한 사용하겠다고 마음먹고 있어야 한다. 그렇게 하지 않으면 모든 것이 초라해지고 약해지고 사라져 가게 된다.

당신은 마음에 들지 않을 지도 모르지만 '사용하지 않는다'는 원인이, '없어지도록 한다'라는 결과를 만들어 낸다는 것을 확실하게 알아야 한다.

성공의 법칙을 꼭 좋아할 필요는 없으나 성공의 법칙을 알고 익히는 일은 대단히 중요하다. 그러면 절대로 자신의 능력을 잃게 되는 일은 없는 것이다.

따라서 능력은 사용하지 않으면 없어져 버린다는 기본적인 "원인과 결과의 법칙"을 알고 있지 않으면 안 된다.

이것이 "성공의 법칙" 첫 번째 단계이다.

결과의 법칙

두 번째 단계는 **원인으로부터 생겨난 것만이 결과로써 손에 넣을 수 있다는 것**이다.

인간은 자기 인생의 씨를 뿌린다. 적게 뿌리면 수확도 적다. 수확이 적다고 불평을 해도 어쩔 수 없다. 왜냐하면 그 씨앗을 뿌린 것은 당신 자신이기 때문이다. 많은 사람들이 이러한 간단한 이치를 이해하지 못하고 있다. 자신이 원인임에도 자신 이외의 탓을 하는 사람이 너무나 많다.

자기가 가난하다고 해서 정부의 탓, 세금이나 물가 높은 탓, 부모나 친척의 탓으로 한다. 하여튼 무엇이든 남의 탓으로 하는 사람들이 많은데 이래서는 성공자가 될 수 없다.

알기 쉬운 예를 들어보자.

당신이 광대한 농지를 가지고 있다고 하자. 몇 명인가의 소작인에게 그 농지를 맡기고 있다. 가을 추수 때가 되어, 당신은 수확의 진척상황을 보러 그 농지로 나갔다. 그런데 농지의 대부분에는 잡초가 무성하게 있고 추수는커녕 곡물이라고는 눈 씻고 봐도 없는 것이었다. 당신은 소작인을 불러 다그쳤다.

"대체 무엇을 하고 있었어, 이런 상태로 어떻게 내년까지 생활할 생각이냐?"

하지만 어떨까? 꾸중한다고 해서 수확이 될 것인가? 과연 누가 씨를 뿌렸겠는가? 자신에게 물어 보라.

그렇다, 당신 자신인 것이다. 직접적이던 간접적이던 지주는 당신이므로 당신이 뿌린 셈이 되는 것이다. 즉 당신이 소작인에게 맡긴 이상 최종적인 책임은 당신이 지지 않으면 안 된다.

이 "원인과 결과의 법칙"은 플러스면, 마이너스면에 관계없이 작용되는 것이다. 즉 '나쁜 결과가 나왔다'는 것은 나쁜 것이 원인이며 '좋은 결과가 나왔다'는 것은 좋은 것이 원인인 것이다.

예를 들면 떫은감의 씨를 뿌려 단감을 수확할 수는 없다. 물론 이 법칙은 좋은 방향으로도 적용되기 때문에 단감의 씨를 뿌리면 절대로 떫은 감이 열릴리 없다.

이것도 "원인과 결과의 법칙"의 하나이다.

중요한 것이 하나 있다. 그것은 뿌린 것보다 많은 수확을 기대할 수도 있다는 것이다.

예를 들어 100개의 씨앗을 뿌려 100개의 수확을 얻을 수 있다면 씨를 뿌릴 이유가 없을 것이다. 우리가 원하는 것은 수십 배의 수확을 얻기 위해 노력을 하는 것이다. 그것의 예가 벼인 것이다. (-+×÷의 수학적 기호중 합의 자승(곱하기)을 응용한다.)

이 법칙을 응용함으로서 누구라도 부자가 될 수 있다.

그런데 실제로는 부자의 수가 적은 것은 어째서일까? 그것은 "원인과 결과의 법칙"을 알고 있다 하더라도 씨를 뿌리지 않기 때문이다. 아무리 지식을 많이 가지고 있다 해도 그것을 응용해서 행동으로 옮기지 않는 한 아무런 수확도 없다. 따라서 가난뱅이와 동료가 되고 싶지 않다면 조금씩 이 "성공의 법칙”을 확실하게 실행해야 한다. 하지만 유감스럽게도 씨를 뿌려야할 필요성이 있는 사람일수록 씨를 뿌릴 필요성을 깨닫지 못하고 있다. 봄에 씨를 뿌려두지 않으면 가을이 되어 많은 수확을 원한다 해도 무리한 이야기인데도 말이다.

이런 말을 하는 사람도 있다.

“난 100알의 씨앗밖에 갖고 있지 않아. 만약에 이것을 뿌려버리면 더 이상 아무것도 남지 않아, 만약 가을에 태풍이라도 불면 어떻게 하지.”

물론 그럴 가능성이 전혀 없다고는 할 수 없다. 하지만 당신의 100알의 씨를 뿌릴 결심을 하지 않으면 그것을 수십 배로 불릴 찬스는 전혀 없는 것이다. 결국은 얼마 있지 않은 벼는 금방 없어지고 남의 신세를 질 수밖에 없게 될 것이다.

그것이 싫다면 지금 즉시 그 벼를 뿌리고 수확을 늘리기 위한 노력을 하지 않으면 안 된다. 나의 전 재산이 이제 ‘500만원밖에 남지 않았다’라고 하는 가난한 사람일수록 그 마지막 남은 돈을 투자하여 불릴 궁리를 하는 것이 중요하다. 500만원을 쓰지 않고 가지고 있으려 해도 언제까지나 그럴 수는 없다. 이러한 사실을 머릿속에 새겨 두지 않으면 안 된다.

틀림없이 마지막 남은 얼마 안 되는 씨앗을 전부 뿌리는 것은 모험적인 일이다. 하지만 여기서 감정에 흔들려서는 당신을 살릴 수 있는 마지막 찬스를 잃는 것이다.

다시 한 번 반복하지만 가장 뿌리고 싶어 하지 않는 사람이야말로 정말로 씨앗을 뿌릴 필요가 있는 사람이다.

이 이치를 알아야 한다. 왜 부자는 갈수록 부자가 되고 가난뱅이는 계속 가난뱅이인 채로 살아가는지를 말이다.

이 자연의 법칙은 절대 거역할 수 없다.

사람은 이 법칙에 대항하여 어떤 것을 해도 이길 수 없다. 또 법칙에 따라서 아주 소극적인 것으로 작게 해서는, 당연히 결과도 훌륭한 것은 기대할 수 없다. 이래서는, 같은 일을 반복하며 그냥 인생을 보내면서 언제까지 기다리고 있어도 생활은 좋아지지 않는다.

"언제라도 가을이면 수확을 얻을 수 있으니까. 금년에는 씨를 뿌리지 말고 내년이 되어 기분이 내키면 뿌려볼까?"

이처럼 뿌리지도 않고 수확만을 기대하는 것은 돈은 걸지도 않고 걸었다는 생각만으로 경마를 하는 것과 마찬가지이다.

자신의 돈을 걸 수 있을 정도의 용기가 없기 때문에 머릿속으로만 돈을 건다.

이래서는 우선 손해를 볼일은 없다. 그 대신 당신이 건 말이 몇 번을 이겨도 돈은 들어오지 않는다. 머릿속에서 뿌려도, 정말로 씨를 뿌린 것으로는 되지 않는다.

그것은 단지 시간낭비에 지나지 않는 것이다. 당신이 뿌릴 수 있는 씨앗의 종류는 틀림없이 많을 것이다.

자신의 목표 리스트로부터 최고의 것만을 뽑아 실행해 보는 것이다. 하루라도 그냥 멍하니 보내게 되면 씨앗을 뿌릴 시기를 놓치게 된다. 하지만 씨앗을 뿌렸다고 해도 곧바로 수확을 기대할 수는 없다.

원인이 곧바로 커다란 결과를 가져다주리라 생각하는 것은 잘못이다.

식물도 물을 주고 잡초를 뽑고 해충을 없애주고 잘 돌보아주어야 훌륭하게 성장하게 된다. 이렇게 해야 비로소 가을에 많은 수확을 기대할 수 있는 것이다. 한번 수확이 늘게 되면 그것이 계기가 되어 그 후로는 가속도가 붙어 더욱 늘어나게 된다. (A/S 관리의 중요성을 생각하라.)

자신을 향상시키기 위해서는 언제나 꿈을 간직하고 있어야 한다. **장해는 반드시 찾아온다. 하지만 자연은 반드시 마지막에는 당신이 애쓴 노력의 편이 되어 준다.**

당신은 당신이 원하는 인생을 만들 권리와 자격을 갖고 있는 것이다.

그러면 인간사회의 "성공법칙" 즉, "원인과 결과의 법칙"을 응용하기 위해서는 과연 어떻게 하면 좋을 것인가?

원인과 결과의 법칙 응용하기 1 -목표 설정

원인과 결과의 법칙 응용하기 첫째는, 하루, 1주일, 1개월, 1년, 3년, 5년, 10년, 그리고 일생의 목표를 설정하라. 당신의 인생이 성공의 인생이 되기 위해서는 명확한 목표와 강한 행동력이 필요하다.

목표를 설정할 때 중요한 것은 과거에 당신이 잘해냈던 일을 생각해내어 그 성공을 몇 십 배로 하겠다고 생각하는 일이다.

목표는 당신에게 의욕을 일으키게 하고 당신의 행동을 바로 잡아 줄만한 커다란 것이 아니면 성공할 수 없다.

목표 설정의 포인트는 항상 자신의 능력보다 조금 높게 설정하는 것이다.

조금 높게라는 것은 목적의 2배 정도의 목표를 말한다. 그렇게 해두면 목표를 달성하지 못했을 때에도 언제나 목적을 이룰 수 있다. 이렇게 해서 자신의 능력의 한계를 높여 가는 것이다. 언제나 지금보다 앞으로를 멋지게 하기 위한 노력을 게을리 해서는 안 된다.

목표가 너무 높다고 해서 걱정할 필요는 없다. 처음에는 두려울지도 모른다. 또, 성공하기까지 몇 번이고 넘어지게 될 지도 모른다. 하지만 넘어질 때마다 다시 일어나 계속해서 앞으로 나아가는 것이다.

당신은 애벌레 따위가 아니다. **인간인 것이다.** 따라서 넘어져도 어쩔 수 없는 것이 아니라 일어나 다시 전진할 수 있다. **넘어지지 않으려 하기보다는 넘어져도 넘어져도 다시 일어나는 노력이 고귀한 것이다.** 때문에 몇 번이고 넘어져도 다시 전진하여 마침내는 목표에 도달하는 것이다.

그 목표를 향해 앞으로 나아가기 시작하면 당신이 가지고 있는 모든 능력을 살려 성공이란 산을 올라갈 수 있도록 되어진다. 하루, 하루, 보다 높은 곳에 도달하는 것이다.

과거의 자신을 언제나 새롭게 뛰어 넘어가게 되는 것이다.

원인과 결과의 법칙 응용하기 2 -목표 발표

성공의 법칙을 응용하는 두 번째 방법은 당신의 목표를 사람들에게 발표하는 것이다. 정말로 당신에게, 인간으로써의 자존심이 있다면 목표했던 것을 해내기로 작정하고 사람들에게 말한 일을 도중에 포기하는 일 따윈 절대로 할 수 없게 된다.

만약 실패하면 당신은 영원한 웃음거리가 된다고 생각하기 때문에 자신에 대한 프라이드 때문에라도 어떻게 해서든 목표를 달성하려고 굳게 결심하게 된다.

원인과 결과의 법칙 응용하기 3 -능력 발휘

성공의 법칙을 응용하는 세 번째 법칙은 자신이 가지고 있는 모든 능력을 최대한으로 살리는 일이다.

많은 사람들이 대부분 자신의 능력을 살리지 못하고 있다. 자신을 보다 잘 파악해서 자기 자신을 최대한 활용해야 한다.

말하는 법, 악수하는 법, 감정, 재능, 사고방식, 성격 등 모든 것을 최대한으로 활용한다. 이렇게 함으로써 당신의 커다란 목표도 실현하게 되는 것이다.

원인과 결과의 법칙 응용하기 4 -협조

성공의 법칙을 응용하는 네 번째 방법은 다른 사람에게 여러 가지 투자를 하고 그 사람의 힘을 빌리는 일이다.

하루 일해서 1주일, 2주일의 효과를 올리는 일이 가능하도록 사람의 힘을 빌리는 것이다. 자신의 노력이 몇 배, 몇 십 배의 효과를 내어 자신의 가치도 더욱 더 향상시키도록 하는 것이다. **당신이 성장하고 성공으로의 비결을 몸에 익혀 정신적, 물질적으로 풍요롭게 되면 당신은 많은 사람들로부터 성공자로써 인정받을 수 있게 된다.**

그렇게 되면 그 사람들이 당신의 지식, 능력을 전수 받으러 오게끔 된다.

씨를 뿌려 많은 수확을 얻기 위한 열쇠가 되는 것은 **"사람을 돕는다"**라는 것이다. 그 사람에게 당신의 시간을 들이고 당신의 능력과 지식을 투자하는 것이다. 다른 사람들이 성공하는 것을 도와줌으로써 이것이 당신의 부의 근원이 되는 것이다. 하지만 가난뱅이는 이렇게 말한다.

"주위사람들까지 책임져서 귀찮은 일을 돌봐주는 따위의 일을 하는 것은 손해 보는 일이다. 나는 할 수 없다. 자신의 일만으로도 벅차다. 그 이상은 나로서는 어쩔 수 없다."

이런 정도이기 때문에 언제까지나 가난한 것이다. 자신의 가족을 부양하는 일 정도나 당연한 것으로 여기지만, 그 정도는 누구라도 할 수 있는 것이다.

이런 사람의 생활에는 생기 있는 구석이란 없고 도전이라는 정신도 찾아볼 수 없다.

자신이나 가족의 일 밖에 생각하지 못하는 인간은 모두 패배자이다. 즉 자신의 생활만을 보호하려하면 결국에는 그 생활조차도 잃어버리게 된다.

정말로 한심한 인간으로 전락해 버린다. 하지만 보통사람

이상의 생명력과 행동력에 의해 다른 사람을 돕고 지역사회에 공헌하는 사람은 정말로 봉사를 할 줄 아는 사람으로 풍요로운 인생을 보낼 수 있는 것이다.

성공자가 되리라 생각한다면 타인에게 도움이 되기 위한 효과적인 방법을 생각해서 그것을 몸에 익힐 필요가 있다.

자신의 가족을 먹여 살리는 정도의 일은 동물이라도 할 수 있다.

사람의 가치는 얼마나 많은 사람들이 꿈을 꾸며 실현하는데 공헌했는가?라는 사실에 의해 정해진다. 위대한 인물이 되기 위한 열쇠는 타인에게 도움이 되어야 한다.

아무리 훌륭한 재능을 가지고 있어도 당신에게 손은 둘, 머리는 하나, **하루시간은 24시간 밖에 없기 때문에 자기 혼자서 활용해도 달성할 수 있는 일의 양은 한정되어진다.**

하지만 당신의 재능을 타인에게도 활용시킨다면 어떻게 되겠는가?

인간의 일의 가치라는 것은 그 사람이 얼마만큼의 일을 타인에게 시킬 수 있는가에 의해 판단되어 진다.

예를 들어 자기 혼자서는 도저히 할 수 없는 정도의 수입을 얻을 수 있는 방법을 열 사람에게 가르쳐 주었다고 하자. 월 1,000만원의 수입이 생긴다고 하ㅈ면 아마도 그 한 사람 한 사람이 고맙다며 10만 원 정도는 갖고 올지도 모를 일이다.

타인에게 당신의 시간과 에너지를 투자하고 많은 사람들에게 여러 가지 일들을 가르쳐 주며 조금씩 일을 시키는 것이다.

이러한 방법을 확대함으로써 100만원이고 1,000만원이고 당신에게 기꺼이 가져오도록 되어진다.

<u>당신의 재능, 시간, 지식을 많은 사람들에게 투자할 수 있다면 그 사람들이 성공하는 것을 도움과 동시에 당신도 상상할 수 없을 정도의 커다란 수확을 얻을 수 있게 되어질 것이다.</u>

이처럼 타인에게 기회를 주면 그 사람들도 행복해지며 당신에 대해 언제까지나 고마워하는 마음을 갖게 되는 것이다.

타인에게 일을 시키지 않으면 당신은 당신 자신의 능력으로 당신에게 있는 24시간으로 할 수 있는 범위의 일 밖에 성취할 수 없다. 하지만 타인에게 일을 시킴으로써 커다란 성공이 비로소 가능하게 된다.

타인에게 투자하는 법을 배우고 성공의 비결을 서로 나누는 법도 배우지 않으면 안 된다.

인간에게는 세 갈래의 인생이 있다. 단지 먹고 살아가는 것 밖에 안 되는 인생이 있는가 하면 집도 한 채 세울 수 있을 정도의 인생도 있다. 하지만 자신의 재능을 살려 남에게 투자해서 몇 백 배의 인생을 쌓는 일도 가능하다.

인간은 다른 동물들과 틀려서 미래를 자기 자신이 선택할 수 있는 것이다. 자신의 인생을 몇 배라도 될 수 있는 것으로 선택해야 한다.

그냥 살아가기만 하는 것이라면 인생은 아무런 가치도 없다.

당신의 경험이나 가치, 행복을 몇 십 배, 몇 백 배라도 될 수 있도록 노력해라.

원인과 결과의 법칙 응용하기 5 -파종

"성공의 법칙"을 응용하는 다섯 번째 방법은 지금 당장 씨를 뿌려야 한다는 것이다. 씨를 뿌릴 것이냐 어쩔 것이냐 망설이며 시간을 보내 버리면 틀림없이 수확의 날은 멀어져 갈 것이다. 망설이고 있어서는 씨를 뿌릴 시간을 놓쳐 버리고 만다.

대부분의 사람들이 "그래, 30살이 되기 전에는 큼직큼직한 일만 해보자."라며 20대를 보낸다. 하지만 30살이 되도록 큼직한 일은 커녕 아무것도 해낸 일이 없다.

결혼을 하고는 가족에게 약속한다. "40살이 되기 전에 반드시 성공해 보이겠다." 하지만 40살이 되도록 먹고 사는 것이 기껏이다.

"50세까지는 1억 원을 모으자."라는 결심으로 필사적으로 일한다. 하지만 50살이 넘어도 저금은커녕 그때까지 빚에 쫓기는 실정이다.

"50세가 마지막 승부처다. 60세까지는 내 집을 짓고 가족을 하와이 정도는 데려가지 않으면 면목이 안 선다."라는 결심으로 죽기 살기로 일하지만 이미 오기로 나아가고 있을 뿐이다. 지금까지 못한 것을 50대에 할 수 있을 리가 만무하다.

"아아, 나도 이제 환갑이다. 벌써 60이 되었구나. 60이 되어서도 변함없이 월세집이다. 20년 아니 10년만 젊었어도."라며 일생을 아무것도 하지 못한 채 끝내는 것이다.

자신이 하고 싶었던 것을 하지 못한 인생이란 얼마나 비참할까? 이래서는 살 가치도 없지 않은가? 이것도 오늘보다 내일

만큼은, 내일보다 그 다음날만큼은 이라고 내일에 기대를 걸어왔기 때문이다.

성공의 법칙을 응용할 때는 지금이다. 바로 지금뿐인 것이다. 많은 사람들이 **"지금"**이라는 말의 의미를 몰라 씨를 뿌릴 시기를 놓쳐 버리고 있다. 이러한 사람들이 너무나도 많다.

당신은 이 코스를 배운 덕분에 이처럼 불쌍한 사람들의 동료가 될 필요는 없어졌다.

당신의 인생이 정신적, 물질적으로 풍요롭게 될 수 있도록 이 코스의 비법을 "지금" 활용하는 것이다. 꿈의 실현을 위해서 **"지금" 곧 실행하는 것이다. 그래! 지금부터다.**

여태껏 여러 번 말해 왔듯이 이제까지의 사태를 바꾸기 위해서는 당신 자신을 먼저 바꾸지 않으면 안 된다. 따라서 지금까지의 나쁜 습관을 서슴없이 깨부수고 자기 자신에게 엄해져야 한다.

이 성공의 법칙을 잘 익히고 이용 할 수 있도록 노력해서 당신이 원하는 장래를 위해 일한다면 이 **성공의 법칙은 반드시 당신을 성공으로 인도해 줄 것이다.**

제7장 : 장해(障害)

　지금까지 배워온 6장까지의 내용에 따라 행동했다고 하더라도 희망한대로 성공을 손에 넣을 수 있다고 단정 지을 수는 없다. 역시 성공이라는 단계에 올라가는 데는 많은 장해에 직면하게 되는 경우가 있는데 이것을 피할 수 없는 필요악이다.

　<u>인생에 있어서 당신이 진정한 성공이란 것을 알기 위해서는 당신의 성공을 방해하는 장해에 대해서도 충분히 알아둘 필요가 있다.</u> 성공을 이해하고 그에 따른 장해를 이해함으로써 직면하게 되는 장해의 극복 방법도 몸에 익힐 수 있게 된다.

　성공의 단계에 있는 갖가지 장해는 잡초와도 같은 것이다.
아무리 좋은 씨를 뿌려도, 항상 돋아나는 잡초를 제거해 주지 않으면 양분을 잡초에게 모두 빼앗기게 되어 좋은 수확은 기대 할 수 없다. 훌륭한 수확은 좋은 씨앗을 골라 좋은 땅에 뿌려, 물이나 비료, 적당한 햇빛을 줌으로서 가능해 진다.

이것을 방해하는 잡초는 심지 않아도 저절로 돋아난다. 내버려 두면 훌륭한 땅도 잡초로 망가지게 된다. 이것이 자연의 법칙이다. 마찬가지로 인생에 있어서도 잡초는 모든 것을 망가지게 한다.

결혼을 하고도 가족을 돌보지 않고 팽개쳐 두면 부부사이에도 잡초가 생겨나 신혼 당시의 행복한 생활이 완전히 망쳐지게 된다.

"이렇게까지 할 생각이 아니었다."라고 말해도 이미 소용없다. **어떤 일이던지 팽개쳐 두는 것은 치명적인 것이다.**

잡초란 심지 않아도 돋아나는 것이다. 따라서 일이나 가정이나 자신의 장래에 잡초가 생겨나지 않도록 주의를 게을리 해서는 안 된다.

<u>인생이란 항상 잡초나 병 따위와 싸워 나가지 않으면 안 된다.</u> 오랫동안 무심코 방치해 두면 돌이킬 수 없는 허무한 생애가 되어버린다. 즉, 가치 없는 인생인 것이다. 그렇게 되지 않게 쉬지않고 싸워야 한다.

당신의 바램이나 멋진 인생을 파괴하려 하는 모든 장해와 항상 싸워야 한다. 그 싸움에서 이기기 위하여 성공을 저해하는 장해를 몇 가지 들고 그 극복방법에 대해 배워보기로 하자.

첫 번째 장해 -오무주의(五無主義)

첫째는 오무주의다. 五無主義란, 무기력, 무관심, 무감동, 무책임, 무소신으로 인생에 대해 제멋대로인 태도를 가진 사람을 말한다.

어째서 자기 자신의 인생임에도 진지하게 정면으로 맞서려고 하지 않는가?

"어떤 것에도 열중할 수가 없다."라고 하는 사람도 있지만 성공하기 위해서는 무슨 일에든 열중해야 한다. 당신에게 성공하고자 하는 생각이 있다면 **우선 강한 정열을 가진 인간이 되어야 한다.**

자신이 나아갈 방향으로 열중하여 전진해 나아가는 사람이 되지 않으면 안 된다. 어정쩡한 태도로 임하면 결과 역시 어중간하게 끝나 버리고 만다.

그렇다면 어떻게 해야 할까? 우선은 강한 정열을 갖고 있는 사람을 찾아라. 설령 당신과 마음에 맞지 않는 사람이라 할지라도 강한 정열과 행동력을 갖고 있는 사람이라면 당신에게 좋은 영향을 줄 것이다.

정열이 강하면 강할수록 그 사람은 당신에게 있어서 대단히 중요한 인물이 된다. 그 사람과 기회가 있을 때마다 접촉하는 것이 당신을 바꾸는 길이다.

자신이 세운 신념에 따라 무아의 상태로 열중하여 몸도 마음도 빠져 있는 사람이라면, 어떤 사람이던 간에 이쪽에서 먼저 다가가 접촉해야한다.

정말로 성공하고자 생각한다면, '자신이 원하는 일에 집중하기 위해서는 어떻게 하면 좋을지'를 알고 있지 않으면 안 된다.

자신이 원하는 일에 집중한다는 것이 중요하다. 그것이 잘 되지 않을 때에는 자신이 세운 목표를 재검토 하여야 한다.

하지만 정말로 할 가치가 있는 것을 발견 했다면 몸도 마음도 그 일에 빠져 들게 되어야 한다. 노는 것이던, 일이던, 무슨 일이든지 철저하게 빠져 있으면 잘 되게 되어 있다.

어정쩡한 태도로 어정쩡하게 하면 결과도 반드시 어중간하게 끝나고 만다.

두 번째 장해 -우유부단(優柔不斷)

두 번째로, **전형적인 장해가 우유부단이다.** 어떤 일에도 결심이 서지 않아 언제까지나 완벽한 시기가 오기만을 기다린다.

이런 겁쟁이는 몇 십 년을 기다려도 결단을 내리지 못한다.

즉, 돌다리를 두드리기만 하다가 말아버리는 한심한 사람의 전형이다.

예를 들어 수영을 하려면 처음 물의 차가움을 이겨야한다. 물이 좀 더 따뜻하게 될 때까지 기다려도 수온은 올라가지 않는다. 더 재밌는 것은 우유부단한 사람은 물이 따뜻해져도 미지근한 물에는 뛰어들지 않고 이번에는 물이 좀 더 차가워진 다음에 뛰어 들겠다고 한다. 언제나 물가에 앉아 발끝만 조금 담그고는 뛰어 들려고는 하지 않는 겁쟁이인 것이다.

하지만 아무리 기다려도 완벽한 시기란 올 리가 없으며 뛰어들어 조건에 순응하지 않는다면 아무것도 할 수 없다. 그럼에도 우유부단한 사람은 완벽한 시기가 오기를 기다린다.

"내일이야말로 좋은 조건이 될 것이다."라며, 그들은 언제까지나 결심을 뒤로 미루고는 자기에게 손쉽고 유리한 조건을 기다리고 있지만 다음 날이 되어도 조건은 결코 좋아지지 않는 것이다.

제아무리 심각하게 일편단심으로 기다려본들 조건을 나아지게 하는 것은 <u>당신 자신 이외에는 그 아무것도 없다는 것을 알아야 한다.</u>

'보다 좋은 날'이란 것은, 단지 기다리고만 있으면 저쪽에서 오는 것이 아니다. 당신 자신이 오늘 하루를 보다 좋은 날로 만들지 않으면 안 된다.

그 하루라고 하는 것은 앞에서 말한 영사기에 거는 필름과도 같은 것으로, 어떤 필름을 영사기에 거느냐에 따라 어떤 인생이 비추어질지 정해지는 것이다.

훌륭한 인생의 영상을 만드는 것은 당신이다.

당신은 찬스를 확실하게 잡아 꿈을 실현해야 한다. '하루는 불과 24시간 밖에 없다'라는 현실에 정면으로 부딪혀 그 24시간 밖에 없는 하루를 마음껏, 최대한, 유효하게 써야하는 것이다.

우유부단한 사람은 조그만 위험에도 지나치게 두려워하기 때문에 결단을 내릴 수가 없다.

어떠한 걱정이라도 그것이 실제로 일어나는 경우는 대단

히 적다. 어떠한 일이라도 일단 시작하면 반드시 잘되도록 될 수 있다.

"만약 실패하면 어쩌지." 이런 말을 하는 사람은 반드시 "그때 그렇게 했으면 좋았을 것을."이라며 후회한다.

<u>이것이 가난뱅이가 항상 읊조리는 대사다.</u> 인생에는 어느 정도의 위험이 뒤따르는 법이다. 이 세상에 태어나는 것 자체가 위험한 길이다. 언제, 어디서, 어떤 일이 일어날지 알 수 없을 정도로 인생에는 위험이 많다.

길을 걷고 있어도 차를 타고 있어도 위험 하기는 마찬가지다. 이런 일들을 두려워해서는 이 세상을 살아갈 수 없다.

위험과 찬스는 반드시 함께 온다. 어느 쪽이든 한쪽만이 오는 경우는 없다. 당신이 성공자가 되느냐, 실패자가 되느냐, 그 어느 쪽으로 눈을 돌리느냐에 달려 있는 것이다.

실패자는 찬스 속에 있는 위험만 보고 성공자는 위험 속에 있는 찬스만을 생각한다. 이런 말을 하는 사람도 있다.

"독립해서 회사를 만들어도 괜찮을까?"

"이런 불경기 속에 도산을 하진 않을까?"

"사업이 궤도에 오르기도 전에 교통사고로 반신불수가 되면 빌린 돈은 누가 갚지?"

이런 겁쟁이에게는 이렇게 말해주는 것이다.

"그렇다면 지금까지의 생활을 유지하기 위해 열심히 일하다가 어느 날 트럭에 치어 다시는 움직일 수 없는 불구자가 되면 어떻할래? 자기가 겁쟁이여서 결심하지 못했기 때문에 변명만 늘어놓고 있는 거야.”

인생에서는 무엇을 할 때에도 어느 정도의 위험은 반드시 수반 된다. 그런 위험을 걱정해서 아무 것도 행동에 옮기지 않으면 자신뿐만 아니라 당신 가족의 장래는 영원히 보장 되지 않는다.

“그런 인생은 살 가치가 없다.” 안전하기만 할 뿐의 인생은 안 된다. 안전만을 추구한다면 인생은 살 가치가 없는 것이다. 인생에는 어느 정도의 모험이 필요하다.

방구석에 쭈그리고 앉아 100년을 살기보다는 모험이 넘치는 30년을 사는 편이 낫다. **중요한 것은 인생은 '얼마나 오래 사는 것'이 아니라 인생을 '어떻게 사는가' 하는 것이다.**

결단하지 못하는 사람은 본인도 자신이 결단을 못하는 사실을 잘 알고 있다. 그리고 자신의 판단이 틀릴지도 모른다고 걱정한다. 하지만 어떤 결단을 내리던지 일단은 무조건 행동에 옮겨야 한다.

<u>모험에 넘친 인생이란 많은 결단을 내린 인생을 말한다.</u> 만약에 결단이 틀렸다면 올바른 결단을 내리기 위한 좋은 경험으로 생각하는 것이 중요하다. 그리고 다시 한 번 시작하는 것이다.

우유부단이란, 시간과 찬스를 헛되게 하는 것을 말한다. 찬스가 눈앞을 지나 그 찬스를 다른 사람이 잡는 것을 의심하는 눈초리로 바라만 볼 뿐이다.

찬스가 왔을 때 잡기 위해서는 신속하게 결단을 내릴 수 있도록 훈련해야만 한다.

우유부단은 시간의 낭비이며, 결단을 망설이고 있는 사이에도 시간은 점점 흘러만 가고 있다. 만약 하루를 망설이면 인생은 하루가 짧아지는 것이다. 우유부단은 사형선고이다. 당신의 인생을 하루하루 파먹어 들어간다.

세 번째 장해 -의심과 걱정

세 번째의 전형적인 장해는 의심과 걱정으로, 이 둘은 대단히 깊은 연관성을 갖고 있는 장해이다.

우선은 의심이다. 자신의 상식만으로 사물을 판단한다. 의심을 함으로서 성공하기는 점점 더 어려워진다. 타인을 의심함은 물론, 무엇보다도 가장 나쁜 것은 자기 자신을 의심하는 것이다. 자기 자신을 의심하는 사람은 우선 자기 자신이 해낼 수 있을지 없을지에 대해 의심을 하고, 일이 잘 전개 될 것인가에 대해 의심을 가지며, 그리고 '자신에게는 해낼 수 없는 일이 아닐까?'라고 의심한다.

이렇게 항상 의심만 하고 있으면 사람들로부터 신뢰받을 수 없고, 그 결과 일도 잘 풀리지 않게 되어 경제적으로도 비참한 생활로 전락한다. 결국 사람들로부터 웃음거리가 되고 마는 것이다.

의심 많은 것을 극복하기 위해서는 의심하는 일을 의식적으로 그만 둘 것, 그리고 **믿음을 배우는 것이다. 믿으면 불가능도 가능하게 된다.** 그리고 언제나 믿는다는 것이 가능해 지도록 노력해야 한다.

다음은 가장 사람들에게 많은 것으로 **"걱정"**이라는 무형의 물체이다.

걱정은 사물에 대한 고민이나 두려움으로부터 생긴다. 걱정이 가중되면 건강상태나 성격까지도 나빠져 가족이나 친구들로부터도 따돌림 받는 인간이 되고 만다. 물론 경제상태도 나빠진다. 걱정이 심해지면 정말로 심신 모두 치명적인 영향을 받게 된다.

무엇을 해도 "실패하지 않을까?"라는 걱정으로 언제나 고민한다. 미래에 대한 불안이나 걱정은 누구에게나 있다. 무엇이 두려운지 확실하게 모르는 채로 걱정하고 신경질이 난다. 조그만 일에도 깜짝 놀라게 되고 적극성을 잃어 무슨 일에도 행동을 할 수 없게 된다.

미지의 일이란, 꼭 암흑을 두려워하는 것과 같아서 두렵다. 하지만 그 정체를 알게 되면 쓸데없는 일이었다는 사실을 깨닫게 된다.

당신의 과거 1년간의 일들을 떠올려보면 알 것이다. 실제로 걱정했던 일이 일어난 경우는 거의 없었을 것이다.

쓸데없는 걱정을 하며 인생을 헛되게 보내고 있는 사람이 너무나도 많다. 여하튼 걱정, 불안의 원인인 고민이나 두려움에 대해서는 언제나 마음의 스위치를 끄고, 불을 켜서 그 정체를 알고자 노력해야 한다.

예를 들어 어떤 실패를 하더라도 목숨을 잃게 되는 것은 아니다. 심해야 마음에 작은 상처를 입거나 약간의 돈, 시간을 손해볼 뿐이다.

그렇게 약간의 돈이나 시간을 손해 보았다고 해서 어깨를 축 늘어뜨리고 있어봐야 상황이 좋아지지 않는다. **다시 한 번 마음을 고쳐먹고 시작하면 되는 것이다.** 자신이 실패하면 남들이 뭐라 그럴 것인가에 대해서는 신경을 쓴다던지, 그다지 걱정 할 필요가 없다.

의외로 다른 사람들은 남의 실패에 대해 크게 느끼지 않는다. 자신의 일이 아닌한 타인의 약간의 실패는 새삼스럽게 아무런 느낌도 주지 못하는 것이다.

당신이 그들의 경제 상태에 대해 자세히 모르는 것처럼 그들도 당신의 사정을 자세히 모른다.

이러한 것들은 남에게 듣지 않아도 스스로 깨달아야 한다. 한번 스스로에게 물어보는 것이 좋다.

"실패하면 어떡하지? 하지만 지금까지 여러 번 실패했지만 사지는 말짱해, 실패 했지만 죽지는 않았어, 좋아, **지금이 찬스야, 한 번 더 해 보자**, 실패하더라도 또 다시 하면 돼, 큰일 나는 건 아니야, 한동안 술값이 모자랄 정도지 뭐."

이런 식으로 자기 자신에게 말해 보는 것도 좋을 것이다. 그러면 실패에 대한 두려움이 사라진다.

네 번째 장해 -부정적인 주변인

당신의 성공을 가로막는 또 하나의 장해가 있다. 바로 친척이나 친구다. 친구라는 이유 하나 만으로 아무런 사정도 모르는 사람에게 의견을 묻는 일이 있다. 사실은 이것이, 자주 야기되는 실패의 원인이다.

사정을 모르는 사람의 의견은 반드시 마이너스적인 것으로 <u>당신이 모처럼 하는 결심에 찬물을 끼얹는 결과가 된다.</u>

당신이 인생을 바꿀 찬스를 발견하여 그것에 도전하려 생각하면 약간의 불안함과 기대를 가지고 사람들에게 말하고 싶어진다.

의견을 듣기 위해 우선 친척이나 친구에게로 달려간다. 그러면 부모조차도 반드시 그 일의 부정적인 부분만을 강조하여 물어오기 때문에 모처럼의 정열도 식어버려 **"어차피 처음부터 할 생각이 없었어."라고 말할 정도로 목적 실현의 결의도 사라지고 만다.**

그렇게 되면 목표를 잃고 열의가 식고 소극적인 인간이 되어버린다.

하지만 이러한 장해를 극복하고 어느 정도의 성공을 이루어낸다면, 그 위의 성공의 단계를 올라가는 동안 더욱 더 잘될 수 있도록 되어 간다.

어느 정도 성공을 이루고 난 뒤에도 문제가 있다.

늘어난 수입을 어떻게 할까? 다른 비즈니스를 시작할까? 투자를 할까? 등을 생각하게 되는데 당신은 자신의 생각에 들떠서 흥분하며 여러 사람에게 상담한다.

하지만, 자칭 전문가들에게 상담을 하면 그들은 기다리고 있었던 것처럼, 그리고 그 분야의 전문가인 것처럼 아주 엉뚱한 엉터리 조언을 하게 된다. 당신의 사정을 자세히 모르면서 말이다.

이렇게 되면 자칭 전문가는 역으로 불안의 선동자가 되는 셈이다. 그들은 있을 수 있는 모든 실패의 가능성과 어째서 당신은 그것을 할 수 없는지 만을 열심히 설명해 준다.

이와 같이 당신에게 있어 마이너스적인 말로 부정적인 설명을 하게 되면 당신은 점차로 걱정이 되어 굳은 결심도 소리를 내며 부서져 간다. 이렇게 해서 모처럼 작은 성공으로 인생 방향의 의욕에 솟구쳤던 당신의 생활은 지금까지와 마찬가지인 평범으로 돌아가게 된다.

자신의 인생에 대해 진지하게 생각하고 있는 사람은 적다. 하물며 타인의 인생에 대한 조언 따위를 심각하게 생각하며 책임질 말을 해줄 리가 없다.

누구나가 '걱정하는 것'을 좋아하는 사람은 없지만 과거의 실패를 떠올리면 미래의 실패를 걱정하게 된다. 이렇게 되면 **"성공하자."**라는 적극적인 의욕이 **"실패하지 않도록 하자"**라는 사고방식이 강해져 아무것도 하려하지 않는 쓸모없는 인간이 되어 버린다. 그리고 결국에는 타인의 생각이나 의지대로 움직이게 된다.

당신은 로보트가 아니다. 인간이다. 자신이 원하는 대로 할 수 있는 능력이 있다. 따라서 자신에게 이렇게 이야기하라.

"과거에 실패는 많이 해 봤다. 만약 이번에 실패한다 해도 인생이 끝나는 것은 아니다. 이번에야말로 절대로 성공하고 말겠다."

인간사회에는 언제, 어디서나 마이너스 사고의 인간이 우글거린다. 부정적인 사람의 영향을 절대로 받아서는 안 된다. 반대로 그런 인간들에게는 당신이 플러스적인 영향을 주어야 한다.

마이너스 사고의 인간이 불안한 말을 했다고 해서 당신도 자신을 잃는 식이어서는 언제까지나 다른 사람의 꼭두각시일 뿐이며 절대로 성공할 수 없다.

두 사람이 만나서 이야기를 한다면, '자신의 입장을 강력하게 주장하고 자신의 생각을 스스로 완벽하게 이해해서 모든 것에 자신을 가지고 있는 사람' 쪽이 상대에게 영향을 미친다.

당신이 한번 한 결심은 올바른 결심이며 명예로운 결심이라고 믿어야 한다. 그리고 그 결단이 틀리지 않는 한 마지막까지 관철시켜야 한다.

당신 스스로 한 결심인 것이다. 제 삼자의 마이너스적인 의견으로 꺾어버릴 것 같은 결심밖에 할 수 없다면 무엇을 해도 마찬가지다.

해낼 가치가 큰 결심이라고 자신에게 들려주어라.

성공자의 의견에만 귀를 기울여야 한다.

그리고 당신도 승리자가 되어 타인에게 성공의 영향을 미치는 사람이 되어라.

걱정, 근심을 극복하는 방법에는 두 가지가 있다.

그것은 행동과 신념이다.

행동을 하게 되면 걱정하고 있을 틈도 없다. 행동하면 자신이 생겨난다.

걱정하게 될 때는 밤에 혼자서 아무것도 하고 있지 않을 때이다. 열심히 일을 하고 있을 때에는 걱정이 머리에 들어올 여지가 없다. 바쁘게 행동해야 한다. <u>행동하기 시작하면 걱정은 사라진다.</u>

걱정이 생기는 것은 몸을 움직여 행동하고 있지 않기 때문이다. 조금씩 걱정거리가 늘게 되면 행동할 수 없게 되며 인간의 건강 상태에도 악영향을 미친다.

"원인불명"이라던지, 신경성, 위장병이라던지, 문명병 등의 원인이 대부분 불안, 두려움 때문이다. **걱정 때문에 행동할 수 없는 것은 신념이 모자라기 때문이다.**

신념은 태산도 움직일 수 있다. 자신이 하고 있는 일에 신념을 가짐으로서 어떠한 일이라도 할 수 있게 된다. 신념만이 당신을 불안, 두려움으로부터 해방시켜 준다.

몸을 단련하는 것과 마찬가지로 당신의 신념도 단련시켜 강하게 해야 한다.

일이 잘되지 않아 약한 마음이 드는 것을 느꼈을 때에는 성장의 아픔이라고 생각하면 된다. 당신이 향상하고 있다는 증거이다. 따라서 진취적인 정신 자세로 극복하는 것이 중요하다.

인간이 생각하는 것을 멈추게 하는 유일한 "장해"는 "불안"이다.

불안이나 두려움을 느끼지 않고, 조언자의 말을 들으면 그 내용을 간단히 이해할 수 있다. 따라서 불안, 두려움 따위는 신속하게 극복할 수 있게 되도록 전력을 다해 노력해야 한다.

이제 당신의 머릿속의 움직임을 방해하는 장해는 없어져서 불가능이 가능하게 되어 앞으로 나아갈 수 있게 되었다. 그리고 당신에게 있어 성공이란 손쉬운 것이 되어버렸다.

다섯 번째 장해 -비관주의

다섯 번째의 전형적인 장해는 비관주의다.

비관주의의 전형적인 성격은 사람이나 사물에 대해 결점만을 찾아내는 것이다. 어두운 면, 어려운 점, 문제점만을 본다.

컵에 반쯤 물이 들어 있다.

낙천주의자가 보면 "야, 반이나 아직 남아 있네."라고 하지만 비관주의자가 보면 "이제 반밖에 들어 있지 않구나."라고 한다. 비관주의자는 아무리 좋은 것을 보아도 반드시 무엇인가 결점을 찾아내서 그것을 꼬치꼬치 지적한다.

예를 들어, 훌륭한 저택을 보아도 남의 집임에도 불구하고 세금을 걱정 한다든지, 포르쉐나 벤츠를 보고 연료비의 걱정을 한다든지 한다. 비관주의자는 모든 결점을 사람들 앞에서 전문가처럼 지적하고는 자기만족을 한다.

이 얼마나 보잘 것 없고 한심한 인간인가?

성공자는 예를 들어 세금 한 가지를 보더라도, "1억 원이나 세금을 낸다면 내 손에 남은 돈의 수를 생각하고, 비관주의자, 즉 실패자는 세금으로 나가는 돈만을 걱정해서 낙천주의자와 같이 사업이 번창한다"라는 밝은 쪽으로 눈을 돌리지 못한다.

창문 밖의 아름다운 경치를 보지 못하고 창틀에 있는 먼지만을 신경 쓴다. 벽에 걸려 있는 아름다운 그림은 보지 못하고 벽지가 더러운 것에만 신경을 쓴다.

얼마나 재미없는 인생인가? 그리고 무엇보다도, 더 악영향을 끼치는 것은 비관주의자는 자기 자신만의 손실로 끝내지 않고 다른 사람들까지도 끌어들인다는 사실이다. 자칭 전문가들의 최악의 결점은 자신을 잘 보이게 하기 위해서 다른 사람을 비방하고 또 다른 사람들을 상처 입히는 것이다.

이런 보기 싫고 비겁한 행동을 하면 정신까지 부패한 인간이 되어 버린다.

자신을 남들에게 잘 보이고 싶으면 자신의 능력을 실제의 행동으로 증명해야 한다. 마지막으로의 전형적인 장해는, 가장 귀한 당신의 인생, 그리고 당신 자신을 파괴시키는 것으로 모든 것을 헛되게 해버리는 것이다.

그것은 "입"이라는 병이다.

"입, 불평, 불만, 중얼거림, 변명, 푸념……."

이런 것 모두가 마음의 병이다. 이런 것들을 입에 담아두고 있는 한 아무것도 해결할 수 없고 아무 것도 얻을 수 없다. 단지 헛된 시간을 보냈을 뿐이다.

투덜거리기만 하면 행동이 없어지며 절대 성공할 수 없다.

날씨가 나쁘다, 음식 맛이 없다, 일이 힘들다, 바쁘다, 상사가 마음에 안 든다, 아내가, 자식이, 부모가 불만이다.

이런 말을 해서는 아무 것도 해결할 수 없다. <u>성공으로의 여행을 중지하고 싶지 않다면 결코 불평, 불만, 변명, 푸념 등의 중얼거림을 말해서는 안 된다.</u>

당신의 마음속에 이러한 잡초가 생겨나지 않도록 의식적으로 주의하며 전진해 나가야 한다.

당신이 원하는 멋진 인생, 즉 당신의 커다란 성공을 위해서는 이러한 장해들을 항상 극복하며 앞만을 보고 나아가야 한다.

6장까지의 내용을 몸에 익히고 실행하며, 성공의 단계에 있는 장해를 하나하나 부수어 나감으로로써 당신은 확실하게 성공할 수 있게 되었다.

지금까지의 각 장에서 배워온 모든 것들을 정리한 것이 8장에 쓰여 있다.

당신은 벌써 마지막 장의 문턱 앞에 와 있다.

마지막 장(章)은 정말로 성공하기 위해 해야만 할 일, 즉 성공비결의 진정한 비밀이 씌어져 있다.

〈복습〉

첫 번째 장해 -오무주의(五無主義)

두 번째 장해 -우유부단(優柔不斷)

세 번째 장해 -의심과 걱정

네 번째 장해 -부정적인 주변인

다섯 번째 장해 -비관주의

제8장 : 진정(眞情)한 성공자(成功者)

당신이 성공하기 위해서는 과연 무엇을 하지 않으면 안 되는지 지금까지 일곱 개의 각 장이, 당신에게 성공하기 위한 비결을 가르쳐 주었다.

당신이 원하는 멋진 인생을 실현하기 위한 비결은, 한마디로 말하자면 성공하는 사람들이 갖고 있는 공통적인 특성, 즉 성공자의 성격을 당신이 몸에 익히는 것이다.

성공자의 성격 1-정신적 용기

성공자가 가지고 있는 성격은 우선 첫째로 정신적 용기이다.

흔히 말하는 용기라는 것은, 갑자기 위기에 직면한 인간이 신중하게 판단을 내릴 필요도 없이 인간의 본능으로 행동하는 것, 즉 본능적인 용기로 이해되고 있다.

물론 본능적인 용기도 중요하지만 당신이 성공자가 되기 위해서는 어떤 의미로는 본능적인 용기보다도 중요한 것, 즉 정신적 용기가 필요하다.

정신적 용기란, 우선 첫째로 자기의 인생에 있어서 무엇인가를 성취하지 않으면 안 된다는 사실을 인정하는 용기이다.

이러한 결의 없이 인생을 보내는 사람들이 의외로 많다. **결의가 없으면 자신이 같고 싶은 물건이나 원하는 만큼의 수입을 손에 넣을 수 없다.**

이러한 자각이 없기 때문에 마찬가지로 결의가 없는 한심스러운 친구들과 이야기한다.

"가족을 부양하고 생활하는 것이 한계야. 30대 중반이 지났지만 아직 사람들에게 자랑할 만한 것이 한 가지도 없어. 나의 어떤 점이 잘못된 것일까?"

사람들이 이러한 물음을 자기 자신에게 던져 본다는 것은 대단히 어려운 일이다. 또 이러한 물음에 스스로에게 정직하게 답하기 위해서는 상당한 용기가 필요하다.

"지금까지의 상태로는 도저히 만족할 수 없다. 이러한 인생으로 끝난다면 나는 패배자다. 어떻게든 하지 않으면 안 된다. 좀 더 나은 생활을 보내기 위해 태도를 바꾸고 적극적으로 자신의 목표에 도전할 수 있도록 되고 싶다. 성공자가 되기 위해 자신을 몇 배 가치 있는 인간으로 만들고 거기에 필요하다면 무엇이라도 해 보이겠다. 인생에 있어서도 반드시 무엇인가 성취해 보이겠다. **그러기 위해서 자신을 바꾸어 보겠다."**

이와 같이 <u>자기 자신에게 확실하게 다짐할 수 있는 용기가 당신에게 필요한 것이다.</u>

성공자의 성격에 포함되는 또 다른 하나의 **정신적 용기**는 자신에게 다짐한 일은 반드시 해내고야 말겠다는 용기이다. 자신이 정말로 실현하고 싶은 목표를 정하게 되면 엑사이트하게 되며 아내나 친구 등 여러 사람들과도 이야기하고 싶어진다.

"모두 내 말 좀 들어봐, 나는 성공자의 책을 읽고 굳게 결심했어. 이제부터 1년 동안 5,000만원을 저축해 보이겠어."

이것을 들은 친구나 친척들은 이렇게 말할 것이다.

"그런 바보 같은 이야기가 어디 있어. 네가 무슨 수로 그렇게 많은 돈을 벌 수 있겠다는 거야? 너 정신 나간 것 아니야?"

이럴 때 당신은 용기를 내서 친구나 친척들을 향해 이렇게 이야기해야 한다.

"고매한 의견, **고마워.** 하지만 나는 하겠다고 정한 계획을 어떤 일이 있어도 해내고자 **결심 했어.** 누가 뭐라 해도 난 반드시 **해내겠어.**"

설령 그들이 "네가 해낼 리가 없잖아."라고 말해도 당신은 스스로 하겠다고 결심하고 어디까지나 앞만 보고 나아가야 한다. 이러한 용기를 다른 사람들은 좀처럼 인정해 주지 않더라도 그런 것에 신경 쓰지 말고 앞으로 나아가야 한다.

용기와 신념에서 나온 행동은 반드시 성공을 약속한다.

무엇을 할 때에도 자부심이 생겨난다. 자신감도 생긴다. 자신이 정말로 원하는 것을 정한 이상, 반드시 자신을 가지고 끝까지 실행하라.

성공자의 성격 2-이해심

성공자가 가지고 있는 두 번째 성격은 이해심이다.

타인의 꿈, 희망, 의견, 그리고 입장을 관대하게 인정해 주는 것이다. 누구나 즐거운 일을 원하기 때문에 그들의 욕구를 이해하라.

타인에 대해 비판하지마라. 오히려 사람들이 도움을 청할 때는 스스로 먼저 도와주어야 한다.

성공자의 단계를 올라감에 따라 경제적으로 향상되면 인간이란 자신의 사고방식에 자신을 갖게 된다. 그 자신이 더욱 커지게 되면 결국에는 자신과잉이 된다. 그리고는 남의 말은 듣지 않게 되면서 옛 동료들과는 점차로 멀어져 간다.

자수성가한 사람들 중에 이런 사람들이 의외로 많다.

이런 사람들은 다른 사람이 하는 일이나, 하겠다는 사람을 바보 취급하고 자신의 의견을 듣지 않는 사람을 경멸하며 그 사람을 비판한다. 이러한 비판적인 성격은 성공에 나쁜 영향을 끼친다.

노력한 결과, 틀림없이 보통사람 이상의 생활이 실현가능하게 되었지만 여기서 당신이 깨닫지 않으면 안 되는 것이, 정말로 훌륭한 사람으로써의 당연히 가져야할 당신 자신의 사회적 책임이다. 그것은 주위 사람들에 대한 이해심이다.

성공하면 할수록 주위 사람들에게도 마음을 쓰지 않으면 안 된다. 당신에 대해 질투심 때문에 비판적으로 도전해 오는 사람들도 있지만 여기에 대해서도 일일이 화를 낸다던가 거만한 태도를 취하지 마라.

성공하면 할수록 이해심도 키워가라. 설령 당신과는 의견이나 입장이 다른 사람이라 할지라도 그 사람을 이해하고 입장도 살펴줘라. 주위 사람들에 대한 이해심을 키우려는 노력을 하지 않는 한 관대한 인간은 될 수 없다.

그렇게 타인에 대한 이해심을 키우는 노력을 하면 자기 자신도 행복감과 만족감을 얻을 수 있게 된다. 그러면 이해심은 더욱 깊어질 것이다. 이 이해심의 자세는 자기 자신의 내부로부터 생기게 되는 것이다. 결코 외부로부터 들어오는 것이 아니다.

또 성공하게 되면 될수록 자신의 가족과 함께 보내는 시간을 늘리기 위해 노력하여야 한다.

일에 너무 열중하여 경제적인 성장에만 분주하고 있는 동안 가족의 사랑과 지지라는, 돈으로는 살 수 없는 귀중한 재산을 잃게 되는 일이 있어서는 안 될 것이다.

가족이야말로 우리에게 최고의 행복을 가져다주며 더 이상의 가치 있는 물건이 없을 정도로 귀중한 재산이다.

아무리 경제적으로 성장했다 하더라도 인간으로써의 정신적인 성장을 하지 않으면, 설령 성공했다고 한들 아무런 의미가 없다. 결국에는 자신이 바꾸려고 생각한 것 자체가 잘못된 것이었다고 말하지 않으면 안 될 결과가 되어 버릴 수도 있다.

가족이야말로 당신에게 진정한 행복을 느끼게 해주는 존재이다.

<u>타인에 대한 이해심을 높이고 꿈이나 행복을 존중하면 사람들은 기꺼이 당신을 따라 오게 된다.</u> 그리고 당신은 더욱 훌륭한 지도자가 될 수 있다.

다른 사람에게 관대하고 이해심이 있는 인간이 될 수 있다는 것은 대단히 훌륭한 일이다.

성공자의 성격 3-전력투구의 태도

성공자가 가지고 있는 **세 번째 성격은 전력투구하는 태도이다.** 역사 속에는 전력투구한 예가 많이 있다.

뉴욕 카네기홀의 이름과 친숙한 앤드류 카네기도 그중 한 사람이다.

그는 자신의 인생을 되돌아보며 이렇게 말했다.

"성공에는 아무런 트릭도 없다. 나는 단지 어떠한 상황속에서도 나에게 주어진 일에 대하여 사력을 다하여 해냈을 뿐이다."

스스로 사력을 다하여 목표실현을 향하는 태도, 이것이 바로 전력투구인 것이다.

전력투구를 하는 태도는 대해를 배로 횡단하는 것에 비유해 보면 쉽게 이해할 수 있다.

당신이 성공으로의 모험에 도전하며 큰소리로 외친다.

"나는 건너 쪽 대륙에 도착해 보이겠다."

그러면 많은 사람들이 입을 모아 이야기한다.

"건너 쪽 대륙까지는 너무 멀어."

당신은 대답한다.

"그래도 나는 하겠어."

그러자 누군가가 다시 입을 연다.

"바다는 굉장히 거칠어."

당신이 다시 대답한다.

"그래도 나는 할 거야."

거기에 다시 충고가 들어온다.

"도중에 태풍을 만나게 될 거야."

하지만 당신의 결의는 한층 더 굳어진다.

"그래도 난 할꺼야."

누군가가 외친다.

"먼저 출발했던 배가 되돌아 왔다는데?"

계속 같은 대답을 한다.

"그래도 난 가겠어. 건너편 대륙에 도착하겠다고 작정한 이상 무슨 일이 있어도 난 갈 거야."

전력투구하는 태도로 당신의 목적을 향해 과감하게 임한다면 당신이 가지고 있는 모든 힘, 능력, 생각, 감정이 목전에 있는 장해극복을 향해 하나가 되어 돌진해 가게 될 것이다.

결과 따윈 걱정할 이유가 없다. 어찌됐든지 전력을 다함으로써 당신의 마음속은 놀랄 정도로 불이 붙게 된다.

전력을 다하려면 제일 먼저 해야 할 일이 있다. 우선 원하는 물건을 확실하게 정해 목표를 설정하는 것이다.

어떠한 일이라도 좋다. 자신이 선택한 것에 대해 자신과 자부심을 가지고 노력을 거듭해 실행한다면 어떠한 일이라도 가능하기 때문이다.

즉, 목표를 설정했으면 그 목표를 향해 즉시 전력투구해야 한다.

목표실현에 필요한 것은 어떠한 희생을 치르더라도 철저하게 마지막까지 해내야 한다. 그럼으로써 멋진 행복을 느끼게 된다.

미지의 일을 걱정해봐야 소용없다. 그런 일들은 머릿속에서부터 완전히 비워버리고 전력을 다하는 것이다.

월수 500만원을 원한다면 두려워하지 말고 해봐야 한다.

수입이 늘어난다는 것은 보다 하고 싶은 일을 할 수 있게 된다는 것으로, 달리 두려운 일 따위는 없다. 따라서 걱정하지 말고 전력투구하라.

<u>지금 당신이 생각해야 할 일은 '어떻게 하면 보다 빨리, 효과적으로 성과를 올릴 것이냐'하는 것이다.</u>

이것만을 생각하면 되는 것이다. 전력투구를 해서 효과적인 성과를 올리기 위해서는 4가지 포인트가 있다.

이것은 타인이 대신 해줄 수 있는 것이 아니라 당신 자신이 하지 않으면 안 된다.

전력투구를 위한 4가지 포인트 1
자신에게 알맞은 목표를 선택한다.

타인의 의견에도 흔들리지 않는 당신이 정말로 하고 싶다고 생각하는 일을 선택하는 것이다. 일단 당신이 선택했으면 타인의 말에는 좌우되지 마라.

전력투구를 위한 4가지 포인트 2
당신이 기쁘고 즐겁게 할 수 있는 일을 선택한다.

스포츠든 비즈니스든 무엇이든 좋다. 당신이 정말로 즐겁게 할 수 있는 일이라면 무엇이라도 좋다.

전력투구를 위한 4가지 포인트 3
만약 당신이 일을 선택한다면 우선 부업적으로 선택할 수 있는 일을 선택한다.

현재 연간 수입이 3000만, 5000만이라도 된다면 이야기는 다르다. 하지만 그렇지 않다면 어떠한 일을 성공하기 위해서도 시간이 걸린다. 어떠한 비즈니스라도 전혀 경험이 없는 사람을 갑자기 끌어 올릴 수는 없다. 그 사람의 가치를 입증하기 위해서는 상당한 시간이 걸린다.

전력투구를 위한 4가지 포인트 4
만약 당신이 일자리를 선택한다면 좋은 제품을 가지고 있는 회사를 선택하라.

성공을 하기 위한 도구가 되는 회사의 제품이 좋은 제품이 아니어서는 안 된다.

<u>성공자의 특성은 이상과 같이 정신적 용기, 이해심, 전력 투구의 태도이다. 이 3가지 특성을 당신은 몸에 익혀야 한다.</u>
인생이 달라지게 되는 것은 당신이 무엇을 하는가에 의해서이다. 또 당신 자신이 '무엇을 믿느냐?'하는 것에 따라 당신의 성공과 실패가 정해지게 된다. 타인이나 정부에 의해서가 아니라 당신 자신에 의해서 정해지는 것이다.

지금까지와 마찬가지인 생활을 계속해 간다면 일생을 비참한 생활로 끝내게 될 것이다. 여태까지 정말로 만족할 만큼의 수입도 성공도 손에 넣지 못하였다면, 혹은 가까운 장래에 3, 4천만 원 이상의 연간 수입을 올리고자 원하고 있다면 당신은 그렇게 되기 위한 행동을 지금하기 시작하지 않으면 안 된다.

변화를 낳게 되는 원천은 바로 당신 자신이다.

이 책은 성공에 관하여, 여러 가지 말을 당신에게 들려주었다. 이 코스에서 이야기한 원칙들을 모두 습득하지 않으면 안 된다.

금세기의 위대한 지도자였던, 윈스턴 처칠은 훌륭한 업적을 이룩한 것 때문에 지금까지도 많은 사람들로부터 지지와 존경을 받고 있다.

그는 65세가 지나서부터 몇 번의 실패와 고생 끝에, 평범한 사람은 일생을 걸려도 할 수 없을 정도의 업적을 달성했다.

그는 실의에 빠져 있는 국민에게 나아갈 길을 비추어 주고 앞뒤가 막혀버린 어두운 계곡과 같은 위기의 영국에서 희망의 길을 열어 힘든 전쟁을 승리로 이끌었다.

그가 말했던 유명한 말이 있다.

"진리라고 하는 것은 논쟁의 여지가 없다. 악의가 이것을 공격하고 무지가 이것을 비웃어도 **언제나 진리는 승리한다.**"

이것이 성공의 문을 여는 열쇠가 되는 말이다.

즉, 성공의 문은 자신과 용기를 가지고 승리하리라 결심하고 실제로 행동한 사람에게만 열리는 것이다. 처칠의 말을 따라서 결단을 내려라.

어떤 상태라도 진리와 직면해야 한다. 한번 받아들인 진리는 당신의 일부가 된다. 이 진리에 따라 신념을 가지고 노력하면 상상도 할 수 없을 정도의 커다란 성공을 쟁취할 수 있게 된다.

"신념은 산도 움직인다"는 말처럼 진리에 따라 전진해 나가는 것이야말로 성공의 비결이다.

이 코스를 시작했을 당시에는 꿈도 희망도 갖고 있지 못했던 사람도 있을 것이다. 하지만 자기 자신에 대해 진지하게 다시 생각하고 사물에 대한 사고방식을 배우고 행동에 옮기는 법을 몸에 익혀 자신이 가지고 있는 가능성을 찾아낸다면 당신은 인생을 바꿀 수 있게 될 것이다.

어제까지의 인생은 깨끗이 잊어 버려야 한다. 오늘부터 당신은 다시 태어나는 것이다. 과거로부터 배울 것이 있으면 배워도 좋다. 하지만 마음도 행동도 지금 당장 새로운 삶의 방식으로 바꿔야 한다. 이렇게 함으로서 사태는 크게 호전된다.

물론 모든 것을 한꺼번에 바꿀 수는 없다. 시간이 걸리는 것도 있다. 하지만 성공하는 것은 확실하니까 성공할 때까지 끈질기게 계속해 나가야 한다.

이 코스에서 배운 것들을 올바르게 이해하고 즉시 실행함으로서 당신은 확실히 성공할 수 있다.

자, 여기서 4가지를 자문해 보자.

첫 번째 질문은 '어째서 노력하지 않으면 안 되는가?' 하는 것이다.

많은 사람들이 얘기한다.

"어째서 이 코스를 배우지 않으면 안 되는가?"

"어째서 이 코스의 가르침을 몸에 익히지 않으면 안 되는가?"

"이것으로 정말 자기 자신을 바꿀 수 있게 되는 것인가?"

"이것으로 정말, 장래에 성공할 수 있게 되는가?"

답은 물론 모두 **"YES"**다.

보통 이상의 노력이 당신의 인격을 향상시켜 지금의 몇 십배, 몇 백 배의 보수를 가져다 줄 것이다.

두 번째 질문은 '어째서 하고 싶은 일을 하려 하지 않는가?' 이다.

어째서 당신은 자신의 능력과 가능성을 높이고 성공하려 하지 않는가?

어째서 멋진 인생을 보내고자 하지 않는가?

어째서 희망하는 수입을 쟁취하려 하지 않는가?

어째서 보고 싶은 것을 보려고 하지 않는가?

어째서 만들어 보고 싶은 물건을 만들어 보려 하지 않는가?

어째서 해보고 싶은 일들을 전부 해보려 하지 않는가?

하고 싶은 일을 하고 싶을 때 하지 못하는 인생은 살 가치가 없다. 인생이 끝나갈 무렵, 당신이 '어째서 인생을 100% 살지 못했을까?'라고 후회해도 때는 이미 늦은 것이다.

따라서 당신이 할 수 있는 일은 모두 실현하지 않으면 안 된다.

세 번째 질문은 '왜 당신은 할 수 없느냐?'하는 것이다.

이 코스는 보통사람에서부터 시작하여 찬스를 잡아 성공한 사람들의 지혜와 비법을 수록한 것이다.

성공자 중에는 지금의 당신보다 더욱 힘든 상태에서 시작한 사람이 많다. 따라서 왜, 당신이라고 시작할 수 없느냐?

많은 사람들이 파리의 샹젤리제에서 쇼핑을 한다.

왜, 당신이라고 할 수 없느냐?

많은 사람들이 지중해에서 크루징을 즐기고 있다.

왜, 당신이라고 할 수 없느냐?

많은 사람들이 브로드웨이에서 뮤지컬 관람을 하고 있다.

왜, 당신이라고 볼 수 없느냐?

많은 사람들이 뉴칼레도니아를 여행하고 있다.

왜, 당신이라고 할 수 없느냐?

많은 사람들이 호화 여객선을 타고 여행을 즐기고 있다.

왜, 당신이라고 할 수 없느냐?

물론 할 수 있다. 당신이 정말로 하고자 생각한다면 반드시 할 수 있는 것이다.

마지막 질문은 '어째서 지금 하지 않느냐?'하는 질문이다.

당신의 멋진 인생의 실현을 뒤로, 뒤로 자꾸만 미뤄서는 안 된다. 지금 곧 목표를 설정하고 그에 따른 계획도 지금 곧 만드는 것이다.

적극적인 사고방식으로 바꿀 수 있도록 의식적으로 노력을 시작하는 것이다. 지금 당장 당신의 새로운 인생을 향하여 행동을 개시하는 것이다. 시작이 빠르면 빠를수록 새로운 삶의 방식을 빨리 몸에 익힐 수 있다.

새로운 인생을 향해 당당히 도전하고 마이너스 요소는 모두 버리는 것이다. 인생의 방향을 180도 바꿔서 성공으로의 첫발을 힘차게 내딛어라.

도전하라!

할 수 있다고 믿고 굳게 결의하면 그만큼 지금까지 할 수 없었던 일을 할 수 있게 된다.

당신이 배운 이 코스에 의해 많은 사람들이 자신을 바꾸고 자신의 인생을 바꾸고 있다. 그리고 그 결과 성공을 쟁취해 내고 있다.

여태껏 배워온 이 코스의 원칙을 당신의 것으로 만들고 행동에 옮기는 것이다. 그러므로 당신이 인생에 도전하는 "성공으로의 모험"이 "성공의 도전"이 당신의 마음을, 당신 자신을, 확실히 바꿔주게 되리란 사실을, 또 당신의 꿈을 반드시 실현시켜 주리란 것을, 우리는 확신하고 있다.

〈복습〉

성공자의 성격 1-정신적 용기

성공자의 성격 2-이해심

성공자의 성격 3-전력투구의 태도

- 전력투구를 위한 4가지 포인트 1

  자신에게 알맞은 목표를 선택한다.

- 전력투구를 위한 4가지 포인트 2

  당신이 기쁘고 즐겁게 할 수 있는 일을 선택한다.

- 전력투구를 위한 4가지 포인트 3

  부업적으로 선택할 수 있는 일을 선택한다.

- 전력투구를 위한 4가지 포인트 4

  좋은 제품을 가지고 있는 회사를 선택하라.

네트웍의 정려(精慮)

네트웍의 정의는 사람을 만나는 일이다.

당신은 부자가 되고 싶은가? 백만장자가 되고 싶은가? 겸손하게 표현해서, 경제적 독립을 원하는가? 이 책을 읽고 실천하는 사람은 누구라도 무점포, 무자본, 학력, 연령에 관계없이 경제적 해결은 물론 백만장자의 꿈을 실현 시킬 수 있다.

21세기를 지배하는 신유통 산업을 알고 있는가? 신유통 산업은 무엇인가? 그것은 바로 네트웍 사업이라고 말할 수 있다.

무점포, 무자본, 학력, 연령, 지위고하에 관계없이 불특정 다수인이 모여 판매자인 동시에 소비자가 되는 네트웍 사업을 신유통 산업이라고 한다.

많은 오해와 폐단이 있지만 전 세계의 수많은 기업 중에서 네트웍 사업이 성장하고 각광받는 이유는 무엇일까? 그리고 네트웍 사업의 성공을 위해서는 어떻게 해야 할까?

네트웍 사업의 성공은 죽벽근번성(竹碧根繁盛)처럼 꾸준히 뻗어나가는 뿌리와 같다. 나무는 살아남기 위해 뿌리로부터 성장이 시작된다. 뿌리를 튼튼히 하고 가지가 무성해지면 열매를 맺는다.

네트웍 사업도 나무의 성장과 별로 다르지 않다. 네트웍 사업을 하는 사람을 나무에 비유한다면 뿌리를 튼튼히 한 후, 가지가 무성해지도록 성장 시켜야 한다. 설혹 한 가지에서만 무성하고 다른 가지가 말라 가더라도 실망하거나 포기할 일은 아니다. 하나의 가지에서만 꽃이 피는 것이 아니기 때문이다. 하나의 가지는 말라 무성함을 잃었다면 새로운 곁가지나 뿌리에서 새롭게 싹이 트고 성장하기도 한다. 이와 같이 실망하지 않고 강한 신념으로 노력한다면 언젠가는 무성하게 성장할 것이다. 그리고 마침내 풍성한 수확을 거둘 것이다. 물론 열매가 열리는 것이 중요한 것이 아니라 열매가 가치 있는 것으로 영구불변한 실실한 수확이 되어야 한다. 그러자면 뿌리에 영양성분을 주는 것부터 많은 노력을 해야 할 것이다.

자연의 이치에서 사람은 많은 가르침을 배우듯 기다림의 지혜도 필요하다. 오랜 시간을 두고 성장을 기피하거나 성장이 멈춘 가지와 같은 사람이 있다면 나무가지를 잘라내듯 도려내고 싶은 마음도 들 것이다.

무관심, 무책임, 무기력, 무감동, 무소신을 오무주의(五無主義)라 한다. 혹여 성장이 멈춘 사람이 이러한 오무주의에 빠져있지는 않은지 되돌아보고 챙겨야 할 것이다.

불가의 8정도는 바른 말(正語), 바른 행동(正業), 바른 생계(正命), 바른 노력(正精進), 바른 알아차림(正念), 바른 집중(正定), 바른 견해(正見), 바른 사유(正思惟)를 말한다.

오무주의에서 8정도에 이르기까지 이러한 선인들의 정도를 망각한다면 서로간의 화목은 번개를 맞은 나무처럼 깨어지고 말 것이다. 오무주의에 빠진 누구에게나 칭찬과 사랑으로 감싸 안아보자. 칭찬은 고래도 춤추게 한다고 한다.

네트웍 사업, 즉 신유통사업으로 백만장자가 되고자 대열에 선 선두주자는 후속주자의 사정을 이해하려는 노력이 미미한 편이다. 그럴수록 8정도의 정신을 마음속으로부터 항상 되뇌어 보라.

8정도를 할 수 있도록 앞에 선 자가 뒤를 따르는 사람에게 의념을 통해 늘 마음을 보낸다면 성공은 어느덧 내곁에 와 있을 것이다.

당신은 언제까지나 급변하는 내, 외적 상황에 이리저리 흔들리면서 살 것인가? 인간관계의 본질을 망각하고 욕심을 앞세워 들쭉날쭉한 마음으로 왼쪽으로 오른쪽으로 치우치다 세월만 흘려보낼 것인가?

이 책은 여러분을 위하여 쓰여졌다. 부디 흔들리지 않는 인생의 푯대를 세워 멋진 미래의 꿈을 이루는 훌륭한 나를 만들어 성공을 이루시기 바란다.

- 편저자 양재우